순진한 경영이 이긴다

DARE TO BE NAIVE

순진한 경영이 이긴다

가치지향 소비시대,
순진함이 혁신이 되는
새로운 패러다임

조슈아 베리 지음
윤희기 옮김

"나는 모든 것"이라고 말하는 사랑.
"나는 아무것도 아니다"라고 말하는 지혜.
이 둘 사이를 흐르는 내 인생.

니사르가닷타 마하라지
(1897-1981)

우주를 하나의 전체로 인식하고 경험해야 한다는 비이원론非二元論을 주장한
인도의 영적 스승이자 철학자

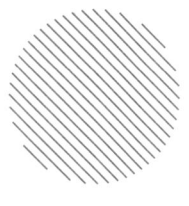

들어가는 말

감히 말하지만 **더** 순진해져야 한다.

순진한naive이라는 말의 원래 의미대로, 꾸미지 않고 진정성을 갖고 더 진솔해져야 한다.

꿈을 더 크게 꾸고, 호기심을 더 많이 갖고, 개인의 삶이나 사업이나 세상에서 가능한 것이 있다면 그것에 더 많이 집중해야 한다.

이 책을 쓰기 위해 인터뷰했던 성공한 사람들 가운데 많은 이들이 "순진한 생각처럼 들릴지 모르겠지만…"이라고 하면서 그들 나름의 놀라운 아이디어, 실제 사업에서 실천한 것들, 그리고 진실에 가까운 이야기들을 들려주었다.

사람들은 솔직하게 자기 얘기를 하고 싶어도 혹시 순신하게 보일까 봐 그리지 못한다. 어쩌면 **순진하다**는 말이 현실과는 동떨어진 어떤 이상적인 아이디어를 수식하는 용어로 사용되는 것인지도 모른다. 그래서 우리는 이 어려운 현실을 살아가려면 절대 순진하게 행동해서는 안 된다는 말을 수시로 듣곤 한다.

그런데 순진하게 행동해서는 안 된다는 것을 대체 어디서 배운 것일까? 순진해지면 안 된다는 생각을 고수하여 우리가 얻는 것은 무엇인가? 더 중요하게는, 그래서 우리가 잃는 것은 무엇인가?

살아오는 동안 나는 다른 이들에게 순진한 사람으로 보일까 봐 전전긍긍했다. **순진함**이란 말에 담긴 부정적인 의미를 염두에 두었기 때문이다. 어느 곳에 있든 가장 똑똑한 사람이고 싶었고, 솔직히 말하면 지금도 여전히 그럴 때가 있다. 나의 솔직한 생각이 대세의 흐름에서 벗어난 것으로 보일까 두려워 그 생각을 펼치지 못한 채 가면을 쓰고 살기도 했다. 합리적인 논리로 뒷받침할 수 없는 엉뚱하거나 별난 내 머릿속의 목소리를 애써 듣지 않았다. 그렇게 해야 성공할 수 있고, 적어도 가정과 학교와 일터에서 보답을 받으리라 생각했던 것이다.

그러다 결국에 알게 되었다. 순진하게 행동하는 것을 두려워하는 것이 실제로는 사업이나 인생에서 더 큰 영향을 발휘하지 못하도록 가로막고 있는 장애물이라는 사실을.

식료품 매장에서 배운 교훈

나의 첫 상사는 크레이그라는 이름의 사람이었다. 그는 대형 식료품 소매회사의 상점 관리 지배인이었다.

내가 열여섯 살 때, 크레이그는 나를 감독관 지위로 승진시켰다. 그 역할을 맡기엔 나이도 너무 어리고 더구나 준비도 되지 않은 상태였던 나를 과감히 발탁한 것이었다. 당연히 상부에서는 놀라면서 의심의 눈초리를 거두지 않았을 것이다. 그러거나 말거나 크레이그는 나를 승진시킨 후 2, 3년에 걸쳐 계속 나의 잠재력을 찾아내고 인정해 주었다. 내가 새로운 아이디어를 실행에 옮기도록 재량권을 부여하기도 하고, 설혹 실패하더라도 더 큰 문제가 발생하지 않도록 안전장치도 마련해 주었다. 그가 그런 식으로 나 말고 다른 직원들도 지원하고 격려하는 것을 나는 두 눈으로 직접 목격했다.

크레이그는 어떻게 지역사회를 도울 것인지, 그 문제에 관한 나름의 큰 그림을 그리고 온갖 색다른 방안을 품고 사는 사람이었다. 크레이그 밑에서 일하는 동안 나는 그가 시 전역의 어린아이들을 위한 부활절 선물을 지급하고, 지역 콘서트를 후원하고, 장학금을 지급하고, 기부활동을 벌이고, 청년과 노인들에게 취업 기회를 제공하는 등 온갖 활동을 하는 것을 지켜보았다. 현실적이고 전통적인 사업 측면에서 볼 때 그의 그런 행동들은 종종 납득되지 않는 행동들이었고, 지역의 경쟁회사에서는 크레이그를 순진한 사람이라고 생각했다. 그래서 그가 나에게 자신의 활동을 좀 도와달라고 요청했을 때, 나는 다른 사람들이 어떻게 생각할지 두려워 정중히 거절한 적도 여러 번 있었다.

크레이그에게는 뭔가 흥미롭고 독특한 기운이 서려 있었다. 희망과 낙관주의로 점철된 호기심과 놀라운 에너지가 뒤섞인 묘한 기운이었다. 많은 세월이 흐른 후, 크레이그에게 옛날에 왜 나를 비롯해서 많은 직원들에게 그런 식으로 지원하고 투자했는지 물어보았다. 그가 대답했다.

"그곳에서 일하는 직원들을 돌보고 지역사회를 돌보는 것이 옳은 일이라고 생각했지. 그냥 옳고 바람직한 일이라고 여겼던 거야. 그리고 내가 그 사람들을 돌보면 그들도 나를 돌봐주는 일이 자주 있었거든."

그는 조금 순진해지기로 마음먹었고, 그것이 나쁘지만은 않았던 것 같다. 크레이그는 회사에서 여러 차례 최고 판매기록을 달성했고, 나중에는 사내 명예의 전당에 오르기도 했다. 그것도 한 번이 아니라 두 번씩이나. 사람에 대한 투자를 아끼지 않았던 그는 그 대가로 큰 보상을 받았을 뿐 아니라 세상에 또 다른 영향의 잔물결ROI: Ripples of Impact을 퍼지게 만들었다.

나는 그 식료품 체인점에서 여러 관리직을 거치며 거의 8년 동안 근무했다. 그곳에서 만난 모든 리더들이 크레이그 식의 "옳고 바람직한" 생각을 품고 그 생각을 실현한 것은 아니지만, 그래도 여러 리더들이 그렇게 했다. 그리고 지난 25년 동안 나는 그런 리더들을 많이 만날 수 있었다.

그렇다면 그와 같은 리더들은 왜 신뢰나 신념을 가지고 자기 밑의 사람들이 잘 성장하도록 투자하는 것일까? 왜 그들은 그런 식으로 행동하는 것일까? 어떻게 그들은 보답의 약속이 없는데도 불구하고 순진하게 그들의 고객이나 직원이나 지역사회에 '먼저 주는' 것일까? 그리고 왜 다른 많은 리더들은 그런 일을 꺼려하는 것일까? 무엇보다 그런 이야기들이 더 많이 들리게 하려면 어떤 신념이 필요한 것일까?

간단히 말해, 영향의 잔물결을 일으킨 성공한 리더들의 이야기가 특이하고 예외적인 이야기가 아니라 세상의 표준이 된다면 어떤 일이 벌어질 것인가?

경영 컨설팅 회사인 **이코닉**[1]의 공동창업자이자 CEO로 지낸 9년을 포함해 지난 20여 년 동안 나는 그와 비슷한 이야기들을 더 많이 들을 수 있었다. 그

동안 우리 팀은 포천 500대 기업에 속하는 수많은 기업들의 기업문화형성 및 성장과 혁신 노력을 도왔다. 나는 100개 이상의 스타트업들에게 사업의 기본을 이해시키고 그들이 추진하는 사업이 잘 진행되도록 지원해 주었다. 그리고 그런 일을 20여 개 이상의 나라에서 진행해 왔다. 그러는 사이에 나는 크레이그와 같이 자기만의 신념을 지닌 리더들의 이야기가 더 많은 조직체계와 활동 속에 들려오기 시작하는 것을 지켜보았다.

그 결과는?

그 기업이나 기관들 전체가 서로를 돌보며 동반 성장하는 데 적극적인 관심—사람들이 순진하다고 손가락질하든 말든 상관없이 그들의 종업원이나 지역사회, 그리고 이 지구라는 행성에 대한 관심—을 내보임과 동시에 통상적인 사업의 성장을 이루고 영향의 잔물결을 일으키기 시작하는 결과가 나타나기 시작했다.

순진함을 선택하라

현대사회에서 대부분의 사람들은 순진함을 그렇게 바람직한 덕목이라고 생각하지 않는다. 특히 사업하는 사람들의 경우 더 그렇다. 그러나 내 경험에 비추어보면 의도적으로 **선택한** 순진함이 사업을 더 번창시키고 삶을 더 충만하

---

1 **이코닉** Econic 은 2015년에 설립된 조직 혁신, 리더십, 조직문화 관련 비즈니스 컨설팅 및 서비스 업체이다.

게 만든다. 그렇게 뜻을 가지고 순진함을 선택한다는 것은 내면 깊숙한 곳에 뿌리내리고 있는 어린아이와 같은 순진함으로 되돌아간다는 것을 말한다. 결국 따지고 보면, 내가 모르고 있는 것이 무엇인지 솔직히 인정하는 것, 자아를 잠시 뒤로 물러서게 하는 것, 그리고 논리적인 설명을 넘어서서 나 자신이 타자는 물론 이 지구라는 행성과 연결되어 있을 수 있다는 가능성을 받아들이는 것은 세상 물정 모르는 순진한 생각이 아니라 새로운 지혜일 수 있다.

우리는 이 책을 통해 순진하게 보이는 걸 두려워하는 이유, 그리고 그 두려움을 다루는 방법에 관해 배울 것이다. 이를 통해 살아가면서 의도적으로 **선택한** 순진함이 지닌 긍정적인 속성들, 즉 호기심과 신뢰, 진정성, 그리고 낙관주의를 잘 활용할 수 있게 되리라 확신한다. 오늘날 성공했다는 비즈니스 리더들은 **성장 마음가짐**[2]을 발전시키고 **감성지능**[3]을 더 높일 필요가 있다. 이 책이 여러분을 그 길로 들어서도록 도와줄 것이다.

어쩌면 따뜻한 가슴으로 좀 더 양심적이고 상호 연결된 관점에서 비즈니스를 수행하려는 시도에 관해 의심의 눈초리를 보낼 수도 있다. 여러분만이 그런 것은 아니다. 산업화 시대의 정신으로 무장된 작금의 사업 접근 방식이 많은 사람들에게 건강과 안락함과 번영이라는 엄청난 혜택을 안겨주었으니 당연한 일이다. 그리고 그러한 성공은 존중해야지 깎아내릴 일은 아니다. 그러나 그

---

2 **성장 마음가짐**growth mindset은 지능과 능력과 재능은 학습할 수 있고 노력을 통해 향상시킬 수 있다고 믿는 신념을 말한다. 반면에 지능이나 능력은 타고난 것으로 고정되어 있어 시간이 지나도 변하지 않는다는 신념을 **고착 마음가짐**fixed mindset이라고 한다.
3 **감성지능**EI: emotional intelligence이란 자신과 타인의 감정을 잘 인지하고 해석하고 조절하고 평가하여, 그것을 토대로 의사소통 및 타인과의 관계를 건설적으로 이끌어가도록 자신의 생각과 행동의 방향을 정할 수 있는 능력을 말한다. 흔히 EQemotional quotient라고도 한다.

성공은 더욱 진화되어야 한다.

   오늘날 행해지고 있는 사업방식, 특히 대기업의 사업방식이 우리 환경과 사회에 엄청난 부담을 안기고 있다는 사실을 그냥 무시하고 넘길 수는 없다. 그러나 안타깝게도 비즈니스 리더들은 종종 기업의 이익을 추구하면서 사회적 선을 도모하다가 순진하다는 낙인이 찍힐까 봐 두려워한다. 하지만 이제 우리에게는 의도적으로 순진함을 선택하여 영향의 잔물결이 큰 파장을 일으킬 수 있도록 하는, 그런 리더들이 필요하다. 시대가 바뀌고 있다. 돈을 **어떻게** 그리고 **왜** 벌어야 하는지가 돈을 **얼마만큼** 벌어야 하는지에 못지않게 중요한 문제로 대두되고 있다. 그리고 점점 더 많은 피고용인과 고객들과 비즈니스 리더들이 이 문제에 동의하며 나서고 있다.

   비즈니스는 우리 사회를 개선하는 데 중요한 역할을 하고 있다. 최근의 PwC[4] 연구에 따르면, 대기업 가운데 71%가 어떻게 하면 이익을 추구하는 동시에 사회적 선을 행하는 방향으로 사업을 진화시킬지 진지하게 검토하고 있다고 한다. 이유가 뭘까? 어떤 사람들은 그들이 그와 같은 사업방향을 '옳고 바람직하다'고 판단했기 때문이라 생각할 것이다. 반면에 어떤 사람들은 고객과 종업원들이 요구했기 때문이라고 생각할 수 있다. 어쨌든 뼛속까지 자본주의 정신에 물든 기업들 가운데 점점 더 많은 기업들이, (이 책에서 보듯) 사업을 영위하며 좋은 일을 하면 그것이 실제로 사업에 좋은 영향을 미친다는 사실을

---

4 PwC는 영국 런던에 본사를 두고 있는 세계적인 회계법인인 **프라이스워터하우스쿠퍼스**PricewaterhouseCoopers를 말한다.

입증해 주고 있다.

2018년에 **블랙록**[5]의 CEO 래리 핑크는 각 기업의 CEO들에게 보낸 편지에서 "기업들이… 어떤 사회적 목적에 기여해 주기를 우리 사회가 요구하고 있습니다"라고 하면서 그러한 목적이 없으면 "어떠한 기업도… 그 기업이 지닌 잠재적 역량을 충분히 성취하지 못할 것"이라고 주장하였다. 그러면서 세계 최대의 자산운용가인 그는 이렇게 선언하였다. "모든 기업들이 거듭 성장하고 번창하려면 재정 건전성을 유지해야 할 뿐 아니라 어떻게 적극적으로 사회에 기여할 것인지를 보여 주어야 합니다. 기업들은 주주, 피고용인, 고객, 그리고 그 기업들이 사업을 펼치고 있는 지역사회를 포함하여 모든 이해당사자들에게 이익과 혜택을 안겨 주어야 하는 것입니다."

세상은 늘 진화하고 있으며, 그 세상을 이끌어가는 우리의 방식도 마찬가지이다. 이 책에 담긴 이야기들은 조심스럽게 선별한 이야기들로, 이 이야기의 주인공들이 나에게 많은 영감을 주었듯 여러분에게도 그러리라고 믿는다. 그리고 신뢰와 희망과 놀라움으로 가득한 머릿속 생각 때문에 자칫 순진하다는 잘못된 낙인이 찍힐까 봐 두려운 분이 있다면, 여기에 소개되는 이야기들을 통해 여러분과 같은 생각을 지닌 동료를, 비즈니스 세계에서의 '대의명분을 지닌 반항자들'을 만나면서 그런 두려움을 씻어내기를 바란다.

---

[5] **블랙록** BlackRock은 1988년 미국 뉴욕에 설립된 세계 최대의 자산운용회사이다.

이 책에서 제시하는 것들

　이 책의 제1부 제1장에서는 **순진한**이란 단어를 다시 소개하면서 그 말이 어떻게 사용되어 왔는지 역사적으로 살펴볼 것이다. 그다음 장에서는 선뜻 나서지 못하고 주저하던 한 사업가가 사업에 대한 자신의 **순진한** 접근방식을 통해 어떻게 세상을 바꿔왔는지, 그 생생한 이야기를 들려줄 것이다. 이어서 여러분이나 비즈니스계에 있는 사람들의 신념이 어떻게 발전하고 진화할 수 있는지, 그것을 생각해 보도록 도와주는 단순한 접근방식이 제시된다.

　여러분이나 나나 우리 모두는 자기 자신에 관해서 제한된 신념을 지니고 있다. 그 제한된 신념을 향상시키고 진화시키는 것이 우리의 개인적인 삶이나 하는 일에서 스트레스를 줄이고, 더 많은 성공을 거두며, 영향의 잔물결을 더 크게 확장하는 열쇠가 된다는 점을 명심하자.

　이 책의 제2부는 발전을 거듭하며 성공을 거둔 사업에 관한 짧은 이야기들, 그 사업의 실천방식에 대한 예시로 구성되어 있다. 그리고 각 장마다 제시된 예시를 바탕으로, 실천적으로 생각해 볼 수 있는 자리를 마련했다. 굳이 다른 책을 뒤져 새롭게 채택해야 할 어떤 리더십이 있는지 알아볼 필요 없이, 여러분을 비판적으로 생각하게 만들고, 그런 생각에 적응하는 데 도움이 되는 접근방식을 공유하고자 한다.

이 책의 마지막 부분에서는 새로운 아이디어와 신념을 실행에 옮기기 위한 실제적인 방법을 제시할 것이다. 이는 내가 행동변화 분야의 혁신가 및 리더들과 같이 일하면서 영감을 받은 방법이다. 어떤 것은 답습하지 않기 위해, 어떤 것은 배우면서 진화하기 위해 지혜와 용기가 필요하다. 여러분 안에 그 지혜와 용기가 있다고 믿는다.

여러분을 위한 초대장

우리는 순진함의 개념을 재정립할 필요가 있다. 그렇기 때문에 이 책을 용기 내서 깊이 숙고하고 행동하도록 안내하는 초대장으로 생각해 주었으면 좋겠다. 자기 자신의 이익을 극대화하는 일이 아닌 다른 일을 우선으로 선택한 사업가들과 비즈니스 리더들의 이야기, 그들의 사업 전략에서 많은 영감을 받았으면 한다. 그 리더들은 그런 선택이 (한쪽이 이익을 보면 다른 쪽은 손해를 본다는 식의) 제로섬 게임이라고 생각하지 않은 사람들이다. 그들은 또 다른 영향의 잔물결을 일으키고, 자신들이 투자한 것 못지않게 큰 보답을 얻어낸 실제 사례들이다.

이 책에서 언급한 이야기들은 비즈니스의 진화가 우리 아이들, 그리고 그 아이들의 아이들에게 더 좋은 세상을 물려주기 위해 우리가 할 수 있는 최선의 선택임을 알고 있는 리더들—어쩌면 여러분과 같은 사람들—의 이야기이다.

비즈니스 세계나 우리의 삶에서 그런 선한 일이 벌어지고 있다는 사실이 믿어지는가? 심지어는 그것이 성과로 이어지는 모습이 그려지는가?

지금 세계 곳곳에서 시도되고 있는 **순진한 선택**들이 산업과 세상을 변화시키고 있다. 이것이 바로 여러분 모두가 나와 함께 과감하게 순진함으로 돌아가야 하는 이유이다.

CONTENTS

들어가는 말 5

제1부

순진함 : 그 개념에 관하여

순진함: 새로운 시각에서 바라보자 21

진정성을 지닌, 틀에 얽매이지 않는, 다분히 의도적인 이본 쉬나드 34

영향의 잔물결, 그리고 신념의 힘 49

신념의 진화: 신중하면서도 단순한 접근방식 59

제2부

순진함 : 그 실천에 관하여

잠금 해제된 용구: 공장을 통제 해방의 공간으로 만든
순진하고 게으른 어느 최고경영자의 이야기 77
자기성찰의 질문에 답하기 ❶ 88

탁월한 영감의 엔지니어링: 알고리즘과 AI에 사랑을 설계하다 **90**
    자기성찰의 질문에 답하기 ❷ **102**
더 많이 베풀기: 어느 호텔리어의 이야기 그리고 뿌린 대로 거두는 자본주의 **104**
    자기성찰의 질문에 답하기 ❸ **114**
부업: 업무 이외의 직장 밖 활동의 장려 **116**
    자기성찰의 질문에 답하기 ❹ **124**
의식 있는 자본의 전개: 비즈니스와 리더십 재즈의 리믹스 **126**
    자기성찰의 질문에 답하기 ❺ **134**
아이디어 공유: 지적재산과 영업비밀의 공개? **136**
    자기성찰의 질문에 답하기 ❻ **144**
관습의 틀에서 벗어난 목적: 이익추구를 다른 목적의 수단으로 삼자 **146**
    자기성찰의 질문에 답하기 ❼ **154**
신뢰 거래: '원하는 만큼 지불'하도록 하는 가격 정책에서 배워야 할 것은? **156**
    자기성찰의 질문에 답하기 ❽ **162**
자신만의 뜻을 품어라: 성장을 위한 성장에 도전하기 **164**
    자기성찰의 질문에 답하기 ❾ **174**
사람 우선: 회사의 성장보다 직원의 성장을 앞세우자 **176**
    자기성찰의 질문에 답하기 ❿ **186**
자본주의 다시 생각하기: 자선이 아닌 일자리 창출을 통한 삶의 변화 **188**
    자기성찰의 질문에 답하기 ⓫ **194**
    시작해 보자 **196**

감사의 글 **211**

제 1 부

순진함:
그 개념에 관하여

개미처럼 그냥 바쁘게 사는 것에 그쳐서는 안 된다.
무엇 때문에 바쁘게 사느냐, 그것이 중요한 문제다.

헨리 데이비드 소로

제1장

순진함:
새로운 시각에서 바라보자

"뭐 하고 있어? 이런 데서는 차 문을 잠가둬야 해! 순진한 거야 뭐야?"

내가 운전을 시작한 지 2, 3년이 지났을 때 일이었다. 처음으로 차를 몰고 시내로 나갔다. 록밴드인 에버클리어가 출연하는 콘서트를 보러 가는 참이었다. 친구와 나는 네브래스카주 오마하의 구도심에 있는 소콜 강당 근처에 주차했는데, 친구가 나에게 그런 말을 했던 것이다. 나는 친구를 돌아보고, 어깨를 한 번 으쓱이고는 돌아가서 차 문을 잠갔다.

인구가 2만 명 정도인 중서부의 작은 지역 출신인 나는 차를 잠그지 않고 세워둘 때가 많았다. 의식적이든 무의식적이든, 안전한 환경 속에 있다는 믿음이 내 안에 굳건히 자리 잡고 있었기 때문이었다.

젊은 나이라 세상 경험이 부족해서 그런 것인지, 아니면 자라면서 그런 믿음이 내 안에 깊이 자리 잡은 것인지 모르겠다. 지금 생각하면 우리가 더 젊었을 때는 서로 믿고 의지하며 살았지, 괜히 의심하고 실망하는 일은 드물었던 것 같다.

그때는 다른 사람들을 더 많이 신뢰하고, 동시에 우리 자신과 아직 검증되지 않은 우리의 능력에 대해서도 더 큰 믿음을 갖고 있었다. 새로운 시도를 하며 모르는 것은 배우고자 하는 호기심이 더 컸고, 그런 태도가 안전과 신뢰와 자신감이라는 선순환 고리를 이룬 덕분에 세상을 더 낙관적으로 바라볼 수 있었다.

그러다가 세월이 흐르며 나이가 더 많고 경험도 많은 사람들(혹은 언론매체들)에게서 '세상은 생각하는 것만큼 안전하지 않다'는 말을 자주 듣게 되었다. 여러분 또한 '세상은 그런 곳이므로 예정된 수순에 따라 일을 진행하는 것이 더 성숙하고 정상적인 태도이며, 뜻이 같지 않은 사람들에게는 조심스럽게 접근해야 한다'는 말을 귀가 따갑도록 들었을 것이다. 사람들이 많이 다니는 길에서 조금이라도 벗어나는 것은 위험하다는 말은 물론이다. 살아가는 내내 이런 식의 메시지에 묻혀 산다 해도 과언이 아니다. 그리고 이런 현상은 특히 비즈니스 세계에서 심하게 나타난다.

"노동조합에 조금이라도 양보해선 안 돼. 그랬다가는 더 많은 것을 달라고 떼를 쓴다고."

"계약서를 우리 변호사들에게 꼼꼼히 살펴보도록 시키고, 반드시 상대방의 서명을 받아야 하네. 그래야 일이 잘못되면 소송이라도 제기할 수 있으니까."

"젊은 세대들이 너무 게을러서 탈이야. 책임감도 부여하고 규율도 잘 지키라고 독려해야 하지 않을까?"

"재택 근무하는 직원들을 믿지 말게나. 다시 사무실에 출근하게 해야 해. 그래야 실제로 일을 하고 있는지 감독할 수 있다고."

지난 몇 년 동안 전통적인 방식으로 사업을 운영하는 회사에서 내가 들어온

말들로, 그들의 관례와 사고방식이 여실히 드러나 있다. 액면 그대로 보면, 이런 발언들이 명백히 틀리거나 얼토당토않은 것은 아니다.

이런 발언을 접했을 때 적잖은 사람이 의문을 표하거나 설마 그럴 리가 하며 의심을 내비칠지 모른다. 하지만 그런 발언에 맞서서 다른 의견을 제시하거나 따지는 사람은 그리 많지 않다. 여러분이 회의석상에서 동료나 상사들 앞에 서서 다음과 같이 발언한다고 한 번 상상해 보자.

"노동조합이 필요하다고 요구하는 것을 최대한 다 들어주기로 합시다."

"그들과는 그렇게 꼼꼼하게 계약서를 작성할 필요가 없을 것 같습니다. 신뢰할 만한 사람들이니까요."

"제가 틀린 것 같습니다. 생각해 보니까 젊은 세대들은 우리와는 다른 동기나 열정을 갖고 있습니다."

"재택 근무하는 직원들은 우리가 그들이 실제로 무엇을 하고 있는지 확인할 수는 없어도 신뢰할 수 있는 직원들이라고 생각합니다."

물론 어떤 사람들은 이런 식으로 발언하는 일을 그리 어렵지 않게 여길 수 있다. 어쩌면 자신의 그런 생각들을 더 크게 끌고 나갈 수도 있을 것이다.

그러나 대다수의 사람들은 머릿속에 그런 생각이 떠오른다 해도 감히 입 밖에 내지 못한다. 다른 사람들이 자신을 '현실'을 모르는, 너무 이상적이고 낙천적인 사람이라고 판단할지 모른다는 두려움 때문이다. 순진하게 보일까 봐 혹은 '대세의 흐름'을 따르지 못한다는 두려움이 소신껏 발언하는 것을 가로막는 강력한 장해물인 것이다. 그렇게 우리 인간은, 다수의 뜻을 따르면서 이의를 제기하지 않는 사람들을 더 선호하는 방식으로 진화되어 왔다.

그 점에 있어서는 나도 마찬가지이다. '똑똑하게' 보이고 싶은 마음은 아주 오랫동안 내 정체성의 핵심 중 하나였다. 실제로 그로 인해 인정도 받고 보상도 많이 받았던 것 같다. 한마디로, 순진하게 보이지 않으려 큰 노력을 기울여 온 것이다.

예를 들어, 나는 아주 담대하고 지극히 순진한 아이디어를 제시하고자 할 때면 그것이 마치 다른 사람의 아이디어인 양 제시하는 습관이 있었다. 그 아이디어가 내 희망대로 받아들여지지 않을 가능성으로부터 자신을 보호하기 위한 조치였다. 어떤 의견이나 아이디어를 솔직하게 내세우기보다는, "최근에 누가 이렇게 말하는 것을 들었는데…"라는 식으로 말의 서두를 교묘히 꾸미곤 했던 것이다. 내가 진정으로 믿는 바를 말하는 것은 현명하지 못한 처사로 여겨질 때가 많았는데, 특히 다른 사람들이 나를 너무 순진한 사람이라고 여기는 곳에서 대개 그러했다.

그러나 지금 나는, 그 순진함을 옹호하고 대변하고자 한다. 세상은 계속 변하고 진화하고 있다. 변화하는 세상 속에서 다른 사람들이 순진하다, 이상적이다, 비현실적으로 낙관적이다, 라고 여길 수 있는 신념을 기꺼이 나서서 말하고 행동에 옮기는 사람들이 더 많아져야 한다. 이는 의심할 여지가 없는 분명한 사실이다. 현실 속에서 우리는 본연의 우리 자신을 숨기며 평생의 경험을 통해 조율되고 통합된 독특한 통찰력, 예외적이고 창조적인 능력의 본능적인 도약을 노골적으로 무시하고 잘라내 버렸다. 본연의 우리 자신을 숨기고 대세의 흐름 속에서 받아들여지는 합리적인 사례만을 제시함으로써 변혁으로 나아가는 도약의 발걸음을 멈추게 만들었다.

그런 사실을 확인하려면 **순진한**이라는 단어와 우리의 관계를 재검토해야 한다. 우선, 그 말의 의미와 쓰임새가 우리가 미처 알지 못한 방식으로 어떻게 변화되어 왔는지, 그리고 그런 변화가 항상 우리에게 도움이 되는 것은 아니었다는 사실을 확인해 보자. 더 정확하게 말하면, 오늘날 '그 단어가 본래의 의미에서 벗어나 있다'는 사실을 확인해 보자는 것이다.

순진함,
그 본래의 의미로 되돌아가기

오늘날 **순진한**naive이라는 단어는 전형적으로 "세상 경험이나 지혜나 판단력이 결여된, 혹은 순박한"이라고 정의된다. 말뜻이 그러니 많은 사람들이 자신에게 **순진한**이라는 딱지가 붙을까 봐 두려워하는 것은 당연하다. 영어에서 그 단어는 1500년대 후반에 프랑스어에서 채택되어 쓰이게 되었고, 프랑스어의 그 단어는 그보다 몇 세기 전에 라틴어 **나티부스**nativus에서 파생된 것이다.

그렇다면 어원이 되는 라틴어 **나티부스**는 원래 무슨 의미였을까? **나티부스**는 "자연스러운, 토종의, 태어날 때 부여받은"이라는 뜻이다. 다른 출처를 보면 "꾸미지 않은, 진실성, 진정성"이라는 의미도 있다.

영어에서 **순진한**이라는 단어는 처음부터 중립적이고 긍정적인 의미로 쓰였고, 그로부터 한참이 지난 몇백 년 전만 하더라도 실제로 부정적인 의미를 함축하는 단어는 아니었다. 그런데 17세기에 들어와서 처음으로 그 단어가 바보 같은 사람이나 순박한 사람을 함축하는 말로 쓰였다는 기록이 있다. 아마 이렇게 뜻이 변화된 것은 계몽주의 시대가 시작되고, 과학혁명이 일어나고, 그 뒤에 산업화 시대가 등장하는 것과 맞물려 있지 않나 싶다. 이성과 식민주의가 지배하는 시대에 "토종의" 원주민들이나 시대의 흐름에 부응하지 못하는 사람들은 멸시를 받았던 것이다. 이렇듯 그 단어가 부정적인 의미로 변질되었지만, 그렇다고 우리가 직관적이고, 자연스러운, 타고난 지혜까지 무시하지 않는 것은 천만다행이다.[7]

나는 오늘날 진실하고 진정성을 내보이며, 무언가 인위적으로 꾸미지 않으려 노력하는 많은 리더들을 알고 있다. 그런데 그들은 자신들이 바람직하고 올바르다고 **느끼는** 바를 실제 실행에 옮기기 어려워한다. 말하자면 타고난 그 무엇, 즉 **나티부스**를 억누르고 있는 것이다. 순진하다는 평가를 받을까 봐 두려워 제 목소리를 내지 못하겠다는 생각이 들 때, 우리는 그 생각을 버려야 한다. 대신에 자신의 목소리가 더 깊은 지혜에서 비롯된 것인지, 처음부터 우리 안에 있었던 것인지를 잘 생각해 보아야 한다.

---

[7] (원주) 나는 재비어라는 친구와 함께 여러 가지 사실을 찾아내고 확인했다. 그러는 와중에 그 친구가 스페인어에서 **순진한**이란 뜻의 단어가 ingenuo라고 알려 주었다. 그 단어의 뿌리가 되는 라틴어의 ingenuo는 고유의 그 무엇, "고귀하고, 올바르고, 숨김없이 솔직하고, 열려있는 그 무엇, 자유인과 같은 것"을 지칭한다. (터프츠 대학교, n.d.). 고대 로마에서는 자유롭게 태어난 자유인을 ingenui라고 불렀다. 이런 사실에 비추어보면, '순진함'이라는 것은 진실하고 고귀한 것이지 그 무엇에 예속된 것이 아니다.—바람직한 속성인 것이다.

같은 스펙트럼에
놓고 보자

『옥스퍼드 영어사전』에서는 순진함을 경험이나 세련됨이 명백히 결여된 것으로 보면서, 그것을 도덕적 이상주의를 내세우며 실용주의를 무시하는 것이라는 식으로 설명한다. 그러나 실용주의와 도덕적 이상주의 중 하나를 선택할 필요는 없다. 잘못된 이분법이다. 오히려 이 둘은 길항관계에 있는, 잘 다스리고 조절해야 할 양극단 혹은 긴장이다. 일종의 스펙트럼처럼 생각해 보라는 말이다.

실용적인 것과 관련된 긍정적인 특성은 무엇일까? 우선, 실용적인 사람은 책임감이 있고, 현실을 잘 지각하고, 믿을 만한 사람으로 보인다. 그러나 그 실용주의를 극단으로 끌고 가 그것이 냉소적이고 염세적으로 되면, 실용적인 것과 연관된 부정적인 속성들이 나타나게 된다. 중요한 기회를 놓치거나 보통 이상으로 불안감이나 우울함을 느끼게 되고, 심지어는 건강을 해칠 수도 있다. 몇몇 연구에서 알 수 있듯이, 냉소주의는 심장질환 발병률과 암으로 인한 사망률을 높일 수 있다.

반면에, 순진함과 관련된 긍정적인 특성은 무엇일까? 순진함은 더 큰 호기심을 불러일으킬 수 있고, 무엇이 가능한지 머릿속에 그려보는 상상의 폭을 넓힐 수 있다. 진실성과 진정함을 더 많이 가질수록 스트레스를 줄이고 자신의 생각을 더 굳건히 다질 수 있다. 그러나 그 순진함을 극단으로 몰고 가 세상 현실을 도외시하게 되면, 다른 사람들이 그 순진한 사람의 순수성을 교묘히 조정하여 이용할 수가 있다.

그렇다면 이 스펙트럼에서 여러분은 어느 위치에 있는가? 그리고 그 위치는 고정된 것인가, 바뀔 수 있는가?

실용주의니 도덕적 이상주의니 하는 신념의 문제를 논할 때, 절대선이나 절대악은 없다. 단지 잘 관리해야 할 스펙트럼만 있을 뿐이다. 그 스펙트럼에서 여러분이 어느 위치에 있든 그에 따른 이득과 손실이 있기 마련이다. 이 점과 관련해서 여러분에게 도움이 될 사항들을 제4장에서 다룰 것이다.

나는 이 스펙트럼에서 순진하다는 쪽으로 기울어져 있다. 나는 독자 여러분이 선함을 타고난 사람들이고, 신뢰할 만한 사람들이라고 믿는다. 만일 정반대 상황이라고 해도, 나는 여러분의 선함을 보기 위해 여러분을 꼼꼼하게 더 잘 살펴보아야 한다고 생각하는 사람이다. 아니면, 여러분 안에 있는 그 선함을 찾기 어렵게 만든 삶의 조건이 무엇인지 생각해 볼 것이다. 어쨌든 나는 여러분이 가망성이 없는 사람이 아니라는 사실을 안다. 절대 그런 사람이 아니라고 믿는다.

실제로 나는 무슨 일을 하든 이런 시각에서 판단하고 결정한다. 물론 인생의 1, 2퍼센트 정도는 남에게 이용당하는 삶일 수 있을 것이다. 그러나 경험에 비추어볼 때 인생의 나머지 98, 99퍼센트는 훨씬 더 나은 삶이리라 확신한다.

그렇다고 내가 매일 밤 현관 앞에 내 지갑을 놔두겠는가? 절대 아니다.

아니면 서로 합의했으니 그에 따라 사업의 많은 부분을 진행시키며, 그 과정을 우리 회계사가 긴장할 정도로 투명하게 회사 사람들에게 공개할 것인가? 당연히 그렇다.

"와우, 조슈아, 당신은 정말 너무 순진하시군요. 당신이 중서부의 인구가 적은 조그만 동네 출신이라는 것은 알겠는데, 그렇다고 세상 물정 모르고 너무 순박한 것 아닌가요?"

"천만의 말씀."

돌이켜보면 나는 지금까지 파란만장한 삶을 살아왔다. 상당한 기간 동안 문화가 다른 30개국 이상의 나라를 방문하거나 그곳에서 일을 했다. 아주 호화로운 저택에서 살기도 했고, 조부모의 지하실 콘크리트 바닥에서 살기도 했다. 은행에 저축한 돈도 많다. 그러나 돈이 많다고 내가 정부 보조의 무료 급식이나 배급표로 사는 사람들과 아주 다른 별종의 사람인 것은 아니다. 사업에서 엄청난 성공을 거두기도 했지만 사기도 당하고, 거짓말에 속기도 하고, 송사에 휘말리기도 했다. 백인 남자인 나는 어느 정도 안전과 혜택을 누렸으나 아주 어렸을 적에 부모가 투옥되는 일도 겪었으며, 여러 사상자를 낸 버스 총격 사건에서 살아남기도 했다.

이런 사실을 털어놓는 이유는, 나한테는 다른 사람들과 삶 자체를 신뢰해야 할 충분한 이유가 있으며, 동시에 그 누구도 믿지 못하는 이유도 충분하다는 것을 보여주기 위함이다.

결론적으로 말하면, 나는 선택을 한 것이다. 내가 마음과 본능이 들려주는 말에 진심으로, 진정성을 갖고 귀를 기울이며 내린 선택들이 다른 사람들 눈에는 좀 순진하게 보일 수도 있을 것이다.

그러나 그 순진함이란 내가 **선택한** 순진함이다.

내가 존경하는 리더가 한 사람 있는데, N. K. 차우드하리라는 사람이다. 그는 현재 4만 명 이상의 장인을 거느리고 60개국 이상의 나라에 카펫 제품을 판매하고 있는 세계 최대의 수제 양탄자 회사 중 하나인 **자이푸르 러그스** Jaipur Rugs의 창립자이자 리더이다.

'카펫 산업계의 간디'라고 불리는 차우드하리는 기업 성공의 핵심이 바로 **선택한** 순수함이라고 믿는 사람이다. 그에게는 어린아이의 순수함 같이 허약하고 무력한 그런 종류의 순수함이 있다. 동시에 완전 정반대의 순수함도 있다. 바로 이기적 자아에 휘둘리지 않는 성숙하고 아름다운, **선택한** 순수함이 그것이다. 이런 순수함을 선택한 리더들은 '순수한 가슴 속에 나름의 뜻을 품고 있으면서도 강철과 같은 척추를 지닌' 사람들이다.

---

8 **폴 리쾨르** Paul Ricœur, 1913-2005: 종교적 실존주의의 영향을 받은 프랑스의 철학자로, 종교적 기반에서 현상학, 해석학, 분석철학 등을 폭넓게 다룬 통합적 사유를 보여준 것으로 유명하다. 종교적인 관점에서 인간은 개인적이면서 동시에 공동체적 존재라고 생각한 인물이다.

프랑스 철학자인 폴 리쾨르[8]도 그런 **선택한 순진함**순수함에 관해 이런 말을 했다.

"우리는 다시 합리적, 비판적 사고 너머로 들어서야 한다. 그래야 '제2의 순진함'을 발견할 수 있다. '제2의 순진함'은 처음에 우리가 지녔던 순진함으로 돌아가는 동시에 이제는 완전히 새로운, 포괄적이고 성숙한 사고를 통해 기쁨을 누리는 것을 말한다."

나나 차우드하리나 리쾨르는 순진해지는 것을 두려워하지 않는다. 그러나 우리만 그런 것이 아니다. 매우 깊은 인상을 남긴 또 다른 사람들도 마찬가지이다.

"조금 순진한 말처럼 들릴지 모르겠지만
나는 큰 꿈을 믿었기 때문에 여기까지 오게 된 것입니다."
하워드 슐츠, 전 스타벅스 CEO

"나는 늘 그랬어요… 나는 무엇이든 다 해낼 수 있다,
이렇게 생각할 정도로 순진했답니다."
케빈 플랭크, 언더아머 창립자

"가슴은 순진해져야 하고 머리는 그렇지 않도록 하는 것이 좋다."
아나톨 프랑스, 노벨 문학상 수상 작가

앞서 **들어가는 말**에서도 언급했듯이, 이 책은 다른 사람들보다 좀 더 순진하게 살아가리라 선택한 사람들에 관한 짧은 이야기와 그들이 사업에서 그런 순진한 삶의 태도를 어떻게 실천했는지를 독자 여러분과 공유하고자 쓴 책이다. 완벽한 사람은 없다. 모든 신념이 다 그렇지만, 우리가 스펙트럼에서 어느 위치에 있든 좋은 것과 나쁜 것이 모두 따르기 마련이다.

이 책은 '위대한 리더들에게 필요한 7가지 특성' 등과 같은 어떤 기발한 아이디어를 제시하지 않는다. 대신, 본질적으로 좀 더 깊이 있는 생각을 하게끔 독자들을 이끌면서, 제시된 아이디어들에 관해서도 비판적으로 사고하도록 한다. 우리가 의도적으로 순진함을 선택하고 그 **선택한** 순진함을 수용하기 위해서는, 배워야 할 것 이상으로 더 많은 것을 의도적으로 **잊어야** 할 필요가 있는 것 같다.

『배운 것을 잊어라』Unlearn라는 책에서 저자인 배리 오라일리는 기존에 배운 것을 잊어버리는 것을 "과거에는 효과가 있었는지 모르지만 지금은 우리의 성공을 제한하고 있는, 한때 유용했던 마음가짐과 학습된 행동을 내려놓고 재구성하여, 그것에서 벗어나는 과정"이라고 설명한다.

나는 그의 이런 생각에 대체로 동의한다. 그러나 나는 그 과정을 그냥 "벗어나는" 데 그치지 않는, 일종의 귀향과도 같은 것이라고 본다. 우리 내면 깊숙한 곳에 이미 우리에게 필요한 것이 존재한다. 처음부터 우리 안에 있었던 그것은 자연스럽고 진정한 그 무엇, 바로 **순진함**이다.

이제부터, 앞으로 전개되는 이야기를 읽고 마음의 문을 열어 그 순진함의 목소리에 귀 기울이고, 그 목소리가 우리가 사는 세상에서 더욱 크게 울리도록 해 보자.

제일 먼저 여러분께 이본 쉬나드를 소개하고자 한다.

제2장

진정성을 지닌, 틀에 얽매이지 않는, 다분히 의도적인 이본 쉬나드[9]

클렁크, 클렁크, 클렁크, 클렁크.

1939년형 쉐보레의 바퀴가 터진 것이 벌써 열아홉 번째였다. 결국에 지쳐 버린 10대 아이들이 터진 뒷바퀴를 풀잎과 잡초더미로 채워 넣고는 멕시코 마사틀란으로 향하는 마지막 남은 길을 따라 아주 천천히, 조심스럽게 차를 몰았다. 서핑이 그들을 부르고 있었다. 학교가 쉬는 날을 맞아 계획했던 일을 바퀴가 터졌다고 중간에 포기할 수는 없었다. 멕시코로 가자고 갑작스럽게 결정하고 서둘러 떠난 여행길이라 오염된 식수 때문에 계속 탈이 났고 약도 구할 수 없는 상황이었지만, 그것도 문제가 되지는 않았다. 한마디로 말해, 고전적인 방식으로 소금과 물, 그리고 캠프파이어를 하고 남은 벌건 숯을 조금 넣어 만든 칵테일을 마실 생각을 하면 그 모든 문제들은 정말 문제도 아닌 것이다. 그렇

---

[9] **이본 쉬나드** Yvon Chouinard: 세계적인 아웃도어 의류 브랜드인 **파타고니아** Patagonia의 창업자로 미국의 암벽 등반가이자 환경운동가이도 하다. 특히 자기 회사인 **파타고니아**의 총매출의 1%를 환경단체에 기부하게 한 것으로 유명하며, 2023년에는 『타임』지가 선정한 세계에서 가장 영향력 있는 인물 100인 중 한 사람으로 선정되었다.

지 않을까?

어린 시절부터 이본 쉬나드는 등산이든 낚시든 서핑이든, 자신이 제일 좋아하는 것이 무엇인지 알고 있었다. 바로 **밖으로 나서는 것**이 그에게 가장 중요한 일이었다.

따라서 그가 학교를 그렇게 좋아하지 않았다는 사실은 그리 놀라운 일은 아니다—물론 자신이 좋아하는 일을 더 잘하기 위해 수업 시간을 활용하는 경우, 가령 역사 수업 시간에 숨 참기 연습을 하는 경우는 예외이겠지만. 그런데 숨을 참는 연습은 왜? 주말이 되면 캘리포니아 해안에서 프리다이빙을 통해 더 많은 해산물을 채취하고 싶은 마음 때문이었다. 학교나 일자리는 그런 즐거움을 누리는 데 방해가 될 뿐이었다.

요세미티 국립공원의 화강암 암벽을 오르는 일이 이본의 가장 큰 즐거움 중의 하나였다. 그가 자신이 즐길 수 있는 직업을 찾기 시작한 것은 그 암벽 등반 경험에서 비롯되었다. 다른 동기가 아니라 자기 필요에 의해서 이본은 등반 장비 중 일부를 자기 손으로 만들기 시작했던 것이다.

이본은 노와 모루와 기타 도구를 갖춘 뒤, 스스로 터득한 대장장이 기술을 활용하여 그와 친구들이 사용할 카라비너, 피톤, 그 밖의 몇몇 기구들을 만들기 시작했다. 그러다 보니 조금씩 돈을 벌기도 했다. 하지만 이본이나 그의 친구들은 등산이라는 것이 사회에서 아무런 경제적 가치가 없다는 사실에 오히려 더 뿌듯해하는, 자칭 반항아들이었다. "정치인들이나 사업가들은 '역겨운 존재들'이며, 기업은 모든 악의 근원이다." 이렇게 생각했던 것이다.

이본에게 사업을 해야겠다는 생각이나 욕심이 없었던 것은 분명하다. 그러나 등산 장비를 더 많이 팔아 변변찮은 생계나마 꾸려나가야 등산에 대한 열정을 계속 유지할 수 있다고 생각했다. 사실 그는 한때 몇 주 동안 오래된 군용 침낭에서 자며, 용기가 손상된 식품을 파는 아웃렛에서 찌그러진 고양이 먹이 캔을 구입해서 먹으며 하루 1달러도 안 되는 돈으로 산 적도 있었다.

시간이 지나자 장비를 구매할 수 있게 해 달라는 등반가들의 요구가 빗발쳤다. 결국 이본은 자신이 만든 장비를 광고하기 위해 우편주문 카탈로그를 제작하기도 하고, 밀려드는 주문에 몇몇 등반 친구들을 고용하기도 했다. 그때가 1965년으로, 그렇게 해서 **쉬나드 등산장비**라는 회사가 공식적으로 탄생하였다.

사업 초기부터 제일 중요하게 생각한 것은 제품의 품질이었다. 자신들과 주변 친구들이 사용하는 장비를 만들었는데, 만일 제품에 하자가 있으면 누군가가 죽을 수도 있었기 때문이었다. 그렇게 품질에 초점을 맞추다 보니 큰 이익을 내기가 어려웠으나, 이익을 많이 남기는 건 이본의 사업목적이 아니었다. 그럼에도 불구하고 1970년쯤 되자 **쉬나드 등산장비**는 미국 최대의 등산장비 공급업자가 되었다. 그런데 사업이 잘 된다는 것은 동시에 서서히 어머니 자연에게 적이 된다는 뜻이기도 했다. 그 이유를 이해하려면, 그 당시 이본과 그의 친구들이 좋아했던 등반 형태에 대해서 몇 가지 알아두어야 한다.

위풍당당하게 서 있는 어느 거대한 화강암 암반성산, 가령 요세미티 공원의 엘 캐피탠을 바라보고 있다고 상상해 보자. 계곡 바닥 위로 약 900미터 이상 위로 치솟은 그 암반성산은 대충 따져 파리에 있는 에펠탑의 세 배 이상 높이로 서 있다.

대부분의 등반가들이 그 웅장한 암벽으로 오르는 데 며칠이 걸린다. 따라서 수백 미터 높이의 암벽에 해먹이나 포타레지라는 간이침대를 매달아 놓고 쉬기도 하고, 밤에는 잠도 자야 한다. 당연히 밤을 지내는 동안 해먹이나 침대에 들어가 있어도 100% 안전하다는 보장이 있어야 한다.

이본이 등반하던 초기에는 해먹을 걸기 위해 암벽에 자연적으로 생긴 틈 사이로 피톤일종의 쇠못을 박아야 했다. 또한 등반 과정에서 로프를 안전하게 걸치기 위해서도 피톤을 비롯한 다른 안전도구들을 암벽에 단단히 박아 고정시킬 필요가 있었다. 많은 세월에 걸쳐 난난한 상절 피톤을 망치로 암벽에 박는 바람에 암벽이 심하게 손상되어 그 모양이 흉측하게 바뀌고 말았다. 자신이 즐겨 찾는 등반코스에서 그렇게 손상된 암벽의 모습들을 직접 목격하고는 역겨운 기분이 들었던 이본은 중대한 결심을 하게 된다. 점점 성장하는 사업, 그리고 자신이 좋아하는 활동과 그 활동을 보장해 주는 환경. 이 둘 중에 그가 더 신경 써야 할 것은 무엇일까?

이본과 그의 팀은 후자를 선택했다. 그들은 사업상 위험천만할 수 있는 결정을 내렸는데, 1972년 우편주문 카탈로그에 다음과 같은 회사 안내문을 실었던 것이다. "우리는 이제 더 이상 지구의 자원이 무한하다고, 아직 오르지 않은 산山 정상들이 지평선 너머에 끝없이 펼쳐져 있다고 생각해서는 안 됩니다. 산은 유한하며, 그 거대하고 웅장한 모습에도 불구하고 산은 너무나 허약하고 쉽게 훼손될 수 있습니다."

그러면서 그 카탈로그를 통해 이본은 피톤—그들의 핵심 사업—이 환경에 유해한 장비라는 사실을 강조하면서 생산 중단을 선포했다. 대신에 이본 쉬나드는 **클린 클라이밍**[10]이라는 개념을 내세우며, 당시 유럽이나 미국에서 인기도 없고 신뢰도 받지 못하던 다른 종류의 안전 장비를 사용하겠다고 밝혔다.

그는 안내문에서 이 새로운 접근방식이 상대적으로 환경에 무해하다고 주장하였다. 기본적으로 이미 존재하는 바위틈에 다양한 너트_{굄목}나 헥스_{육각형 금속 쐐기에 철선이 꿰어진 장비}를 끼우면 미래 세대를 위해 그 암벽을 보존할 수 있다는 것이다.

그 위험한 결정이 성공으로 이어졌다.

그 카탈로그를 우편으로 발송한 지 몇 개월이 지나지 않아 새로운 클린 클라이밍 장비들에 대한 주문이 쇄도하기 시작했다. 제작이 수요를 못 따라갈 정도였다. 이본은 사업이 망할 수도 있었지만 선한 일을 선택했던 것이다. 물론 회사는 많은 어려움을 겪기도 했지만, '정통적인' 사업가의 틀에서 벗어나려는 그의 노력은 멈추지 않고 계속되었다.

지금은 이본 쉬나드라는 이름이나 그의 이름을 딴 **쉬나드 등산장비**라는 회사에 관한 이야기를 들어본 사람이 많지 않을 것이다. 그 까닭은, 1973년이 되어 회사가 서서히 아웃도어 의류 사업을 확장하기 시작하면서 공식적으로 의류 생산라인을 새로운 브랜드 밑에 두기로 결정했기 때문이다. 그렇게 해서 **파타고니아**가 탄생하였다.

---

10 **클린 클라이밍** clean climbing은 암벽의 훼손을 막기 위해 등반가들이 이용하는 암벽등반 기술과 장비를 말하는 것으로, 1970년경 미국과 캐나다에서 암벽을 보호하자는 취지에서 피톤 대신에 너트와 헥스를 사용하면서 등장한 용어로 알려져 있다.

파타고니아의
초창기 시절

1973년에 창립된 **파타고니아**는 70년대와 80년대 초에 걸쳐 놀라울 정도 큰 성공을 거두었지만 동시에 엄청난 실패를 맛보기도 했다. 그 시기에는 기능성 등산복이 주요 판매 품목이었다. 한두 품목은 언더그라운드 패션의 유행을 선도하기도 했으나, 험한 등산을 할 때 주로 입는 럭비 셔츠가 대학생들이 최고로 선호하는 의류가 되면서 수요를 따라갈 수 없게 되었다.

그러다 보니 홍콩에 있는 의류공장과 공급 계약을 하게 되었는데, 선적이 늦어지고 품질도 형편없는 것으로 드러나면서 **파타고니아**는 파산 직전까지 몰렸다.

물론 다른 부문의 매출이 계속 증가하기는 했지만, 투자자들의 신용을 얻어내기란 여간 힘든 일이 아니었다. 그런 시기를 겪으면서 이본은 자신이 처한 냉엄한 현실과 내면의 반항적인 목소리를 어떻게 조화시킬 수 있을지, 고민에 고민을 거듭하였다.

> 그동안 나는 항상 내가 사업가라는 생각을 가급적 하지 않으려고 했다.
> 나는 등산과 서핑과 카약과 스키를 즐기는 사람이면서
> 대장장이로 살아왔다. 그런데 지금 우리 회사는 차입금이 많은 데다
> 가족이 딸린 직원들을 거느리고 있기에 사업이 성공해야
> 회사도 살고 직원들도 먹고살 수가 있었다.

> *고민을 하던 중 어느 날, 문득 나는 사업가로 살아야 한다는 생각이 들었다. 그러나 사업가가 되어야 한다면 내 뜻을 실천할 수 있는 사업가가 되리라 마음먹었다.* 99
>
> 이본 쉬나드

이본의 뜻은 다음과 같은 것이었다.

- 사람들이 어떤 옷을 원하든 그 옷을 입게 하자.
- 직원들이 파도가 좋을 때 서핑을 하고 깨끗한 눈이 쌓였을 때 스키를 탈 수 있도록 유연근무제를 시행하자.
- 자녀가 아파 집에서 돌봐야 하는 경우, 그 직원에게 유급휴가를 주도록 하자 (지금이야 이 제도가 사업의 최소 조건이겠지만, 40여 년 전에는 누구도 생각 못 했던 일이다).
- 개인 사무실을 두지 않는다. 임원도 예외가 아니다.
- 미국 최초로 직장 내 자녀 돌봄센터를 세우자.

관습에서 벗어난 이러한 경영방식에 제품 디자인도 뛰어나고 유통문제도 해결되면서 회사는 매년 기록적인 성장을 거듭하였다. 1980년대 후반 무렵에는 성장속도로 보아 **파타고니아**가 향후 10년 이내에 10억 달러 수익을 내는 기업이 될 것이 분명해 보였다.

너무 빠르게 성장한 것은 아닐까? 사업의 성공과 전반적인 경제상황이 환경에는 어떤 영향을 미쳤을까? 어린 시절 여름에 즐겨 찾던 곳을 찾아갈 때마다 이본은 야생동물이 수가 점점 줄어들고, 낚시를 해도 점점 더 작은 고기만이 잡히고, 기온은 점점 더 높아지기만 한다는 사실을 깨닫게 되었다. 그러면서 내면의 반항적 목소리는 점점 더 커져만 갔다.

파타고니아는 지역 환경운동에 더 많이 참여하기로 결정을 내리면서 활동가들을 위한 사무공간을 제공하거나 기금을 마련하는 등 재정적 지원을 아끼지 않았다. 1986년에 **파타고니아**는 연간 수익의 10%를 기부하여 좋은 뜻에 쓰도록 하겠다고 약속했으며, 나중에는 매출액의 1%나 세전 수익의 10% 중 액수가 더 큰 쪽으로 계산하여 기부하겠다는 통 큰 약속을 하였다. 아울러 우편 주문 카탈로그를 재활용 용지로 전환하고, 재활용 직물을 이용한 의류 개발을 시작하는 등 내부의 운영상황도 개선하였다. 기록적인 매출이 계속 이어졌다. 이본과 그의 팀이 사업을 안정 단계에 올려놓으면서 좋은 뜻을 펼치는 데도 성공한 듯 보였다.

1991년까지는 그랬다.

해를 거듭할수록 지칠 줄 모르고 성장하던 경제가 1991년에 침체기로 접어들었다. 그해 **파타고니아**의 매출이 '고작' 20% 증가하였는데, 이는 예전의 증가율에 비추어보면 반토막에 불과한 것이었고, 따라서 기존에 세웠던 고용이나 판매계획을 제대로 실행에 옮길 수 없게 되었다. 비용을 줄이고, 생산량도 축소해야 했으며, 부채는 갚아야 했고, 재고는 털어내야 했다. 무엇보다 회사 역사에서 가장 처참했던 날로 기록되었듯이, 직원의 20%를 일시 해고해야만 했다.

회사의 문화는 가족과 같은 분위기의 문화였다. 실제로 **파타고니아** 임직원

상당수가 가족과 친구들로 이루어져 있었으며, 따라서 직원 120명을 잃는다는 것은 특별히 더 가슴 아프고 슬픈 일이었다. 회사가 가용자원과 한계를 넘어서는 규모로 발전하는 바람에 더 높은 성장률을 이루지 않으면 안 되는 상황에 이르렀는데, 계속 그런 성장률을 유지할 수는 없는 노릇이었다.

이본은 주변을 둘러보았다. **파타고니아**가 겪는 일이 세계 곳곳에서 벌어지고 있었다. 90년대 초에 이미 숲이나 강이나 하천 및 대기가 돌이킬 수 없을 정도로 훼손되고 오염되었다는 경고음이 울려 퍼지고 있었다. 전 지구적 산업 경제 역시 지속가능하지 않은 성장에 의존하고 있었다. 이본은 만일 자신이 사업을 계속한다면 자기 뜻에 맞추어 사업을 해야 하고 그 규칙도 완전히 깨뜨려 버릴 필요가 있음을 깨닫기 시작했다.

사업목적 재정립

숨이 막힐 정도로 아찔하고 아름다운 경관. 그러나 그들의 마음은 무거웠다.

파타고니아의 최고 리더들 십여 명이 1991년 초에 있었던 사태의 충격에서 채 벗어나지 못한 상태로 아르헨티나의 산악지대, 진짜 파타고니아 지역을 걷고 있었다.

그들이 그곳에 간 이유는 무엇이었을까? 그들이 사업을 하는 **이유**와 그들 회사가 어떤 기업이 되기를 원하는지 뚜렷하게 인식하기 위해서였다. 그때의 그 산행과 그 뒤 몇 개월 동안 이어진 논의를 거쳐 나온 결과는 지금까지 계속 유지되고 있으며, **파타고니아**를 세계에서 가장 존경받는 기업 중 하나로 만든 기본 원리와 철학이 되었다.

그리고 그들은 사업 초창기의 이야기들, 그리고 회사 사람들이 제품과 고객, 환경에 내보였던 사랑을 바탕으로 **파타고니아**라는 기업의 '존재 이유'를 만들어 공유하였다. 이것이 바로 그들이 사업을 하는 **이유**이다.

> 지구의 모든 생명체가 위기의 시대에 직면해 있다.
>
> 이런 상황이 초래된 근본원인은 품질, 지속가능성, 환경과 인간의 건강, 그리고 살기 좋은 공동체 같은 것보다는 확장과 단기이익을 더 중요시하는, 우리 경제체제 속에 깊이 스며들어 있는 기본 가치들에서 찾을 수 있다.
>
> 이에 파타고니아는 우리 기업의 목적을 우리 경제체제 내의 그러한 요소들을 충분히 인식하고, 인간과 환경을 둘러싼 생태조건을 향상시키는 제품들을 생산하면서, 기업 가치의 우선순위를 재조정하는 시도를 병행하는 방식으로 기업을 운영하는 데 두기로 한다.

쉬나드 등산장비가 클린 클라이밍 개념을 내세우면서 핵심 사업이었던 피톤

판매가 위기에 처했을 때와 마찬가지로, 이본과 그의 팀은 전통적인 사업방식을 고수하면 그들이 좋은 일을 하고자 하는 뜻을 실천할 수 없다고 생각했다. 그래서 그들은 사업에 대한 접근방식을 바꾸어 **파타고니아**의 제품, 공급체인, 그리고 고객과 판매자의 관계 등 사업의 모든 방식을 그들의 가치를 실현하고 다른 기업들도 동참하도록 영향을 미치는 수단으로써 활용하기 시작했다.

물론 그들 또한 기업이 살아남으려면 이익을 내야 한다는 것은 알고 있었다. 하지만 분명한 것은, 이익추구는 기업의 최고 우선순위가 아니며 성장과 확장도 기업의 기본 가치는 아니라는 사실이었다.

오늘날까지 **파타고니아**는 이익추구 사업과 자본주의를 재규정하는 일에 앞장서 왔다. 기존의 사업 틀을 깨는 그 기업의 아이디어와 실천행동들 가운데 몇 가지를 살펴보자.

| **가급적 소수의 공급업자 및 계약자들과 거래를 한다** | 어떤 사람들은 이런 식으로 하면 다른 회사에 대한 의존도가 높아지는 위험에 처할 수 있다며 이것을 너무 순진한 생각이라고 말할지 모른다. 그러나 이것이 바로 **파타고니아**가 원하는 것이다. 달리 말하면 그것은 다른 회사가 **파타고니아**에 의존한다는 뜻도 되기 때문이다. 결국엔 모든 회사의 잠재적 성공은 서로 연결되어 있다. 다른 회사에 좋은 것이 **파타고니아**에도 좋고, 그 반대도 마찬가지 아닌가.

| 자사 직원뿐 아니라 관련된 모든 노동자의 삶의 질을 높이려 노력한다 | 파타고니아의 공정무역 인증 프로그램은 10개국에서 시행 중이며, 각 공장 근로자들의 임금인상은 물론, 자녀 돌봄센터나 의료지원과 같은 혜택을 위한 기금을 제공하여 약 6만 6천 명의 노동자들이 복지혜택을 누리고 있다. 기금의 사용은 각 공장에서 민주적으로 선발한 그룹이 결정하도록 했다.

| 절대 필요한 경우가 아니라면 새 건물을 짓지 않는다 | 만일 새 건물을 짓는다면 재활용 재료를 사용한다. 초창기 **파타고니아**가 캘리포니아 벤투라에 3층짜리 사무실 건물을 지었을 때도 95% 재활용 재료를 사용한 것으로 알려져 있다.

| 낡아서 못 쓰는 제품이 없도록 한다 | 실제로 **파타고니아**는 **블랙 프라이데이**[11]를 맞아 『뉴욕타임스』에 다음과 같은 광고를 낸 적이 있다. 싼 옷을 여러 벌 구입해서 잠깐 입고 버리는 습관을 버리고 꼭 필요한 옷만 구입하라는 그 광고에는 파타고니아 재킷 제품 하나가 등장하고 "이 재킷을 사지 마시오"라는 제목이 붙어 있었다. 이어서 그 제품을 만드는데 들어가는 재료를 설명하고는, 소비자들에게 낡은 제품을 **파타고니아**에 보내 개조해서 재판매할 수 있도록 하는 **파타고니아 공동 참여 이니셔티브**에 참여하라고 권하는 내용이었다. 제품을 수선하고 재활용하도록 장려한 것이다.

---

11 **블랙 프라이데이** Black Friday는 미국에서 추수감사절인 11월 넷째 주 목요일 다음 날 금요일을 말하는 것으로, 한 해에 가장 큰 규모의 쇼핑이 이루어지는 날을 말한다.

파타고니아가 사업의 규칙을 지속적으로 재규정해 가는 동안, 다른 기업들도 동참하도록 영향을 주겠다는 목표 또한 잔물결의 효과를 내기 시작했다.

| 지구를 위한 1% | 1986년에 처음 시작된 이 돌려주기 아이디어는 전 세계적인 운동을 낳았다. 오늘날 **지구를 위한 1%** 운동은 3,419개 이상의 기업이 참여하는 글로벌 네트워크가 되었으며, 참여기업이 늘어나면서 64개국 이상의 나라에서 많은 지구환경 관련 비영리 단체를 지원하고 있다.

> 66 이것은 박애주의나 자선활동이 아닙니다. 사업을 하는 대가로 지불해야 하는 비용인 것입니다. 지구를 사용하는 대가로 지불해야 하는 집세, 바로 그 개념입니다. 99
> 이본 쉬나드

| 유기농 및 재활용 재료 | 1996년에 **파타고니아**는 유기농 목화만을 사용하기로 결정했다. "제가 기존의 전통 영농산업 전체를 개혁할 수는 없습니다. 하지만 **파타고니아**가 유기농 목화만을 구매하도록 하는 것은 할 수 있으며, 다른 기업들도 설득할 수는 있습니다."
그 결과, **아디다스**와 **나이키** 같은 기업들도 이에 동참하면서 재료를 유기농으로 전환하였다.

| 사회공헌기업 Benefit Corporation/B Corp **|** 많은 기업들이 엄정한 인증절차를 거쳐 공헌기업으로 선정되기도 하고, 심지어는 자본주의에 관한 보다 진화

된 신념에 맞추어 그들의 법률구조를 바꾸고 있다. **파타고니아**는 캘리포니아에서 공식적으로 최초의 사회공헌기업이 되었으며, 사회공헌기업 운동 전반에서 선두에 선 기업이 되었다. 현재 90개국 이상에서 150개 이상의 산업체의 7천 개 이상 기업들이 사회공헌기업으로 인증을 받았다.

파타고니아는 거대 기업이 아니다. 하지만 **파타고니아**는 기업의 능력범위 내에서 인간 삶의 조건 전반을 개선시키기 위해 많은 것을 실천하고 있다. 스스로의 힘만으로 자신들이 세운 목적을 다 성취할 수는 없겠지만, 그래도 환경과 근로자의 생존조건을 개선하려고 노력한다. 아울러 좋은 일을 하면서 사업도 잘할 수 있다는 믿음을 다른 기업에도 심어주고 있다.

덧붙이는 말

내가 이 책을 쓰고 있을 때인 2022년 9월에 이본은 상속계획을 발표하여 세상에 또 다른 영향의 잔물결을 일으켰다. 쉬나드 집안이 보유하고 있는 **파타고니아** 지분 전체—당시 가치로 30억 달러—를 전문가로 구성된 비영리 신탁기관에 양도한다는 내용이었다. 기업의 독립성을 보호하고, 기업의 수익이 기후변화에 대처하고 미개발 토지를 보호하는 데 쓰일 수 있도록 확실하게 해 둔 것이다.

이본 쉬나드는 83세 때 어느 인터뷰에서 이런 말을 남겼다.

> 바라건대는 이런 결정이, 소수만 부유하고 대다수는 빈곤의 나락으로 떨어지는 그런 자본주의가 아닌 새로운 형태의 자본주의에 영향을 주었으면 하는 겁니다. 우리는 최대한 많은 돈을 이 지구를 구하는 데 적극적으로 활동하고 있는 사람들에게 줄 예정입니다.
>
> 이본 쉬나드

제3장

영향의 잔물결, 그리고 신념의 힘

이본의 이야기에서 보았듯이, 이본과 그가 이끄는 팀은 중요한 변곡점이 찾아온 시기에 잠시 숨을 고르며 자신들의 행동에 대해 심사숙고하게 되었다. 그들은 핵심 원칙과 신념에 의지하였으며, 자신들의 선택이 그 신념의 궤도에서 벗어나지 않도록 했다.

쉬나드 등산장비는 자체 제작한 피톤이 수없이 팔려 나가면서 1970년대 초 계속 번창하는 회사로 자리 잡았다. 그런데 피톤을 더 이상 만들지 않기로 선택했다. 달리 말하면, 회사에서 가장 규모가 크고 주된 수입원이 되는 사업 분야를 자발적으로 퇴출시킨 것이다. 그 이유는? 환경에 해를 끼치는 것을 싫어했기 때문이다. 그러한 결정이 당시의 많은 사업가들의 눈에는 너무 순진하거나 도덕적 이상주의에 치우친 결정으로 비쳤을 것이 분명하다(아마 오늘날도 별반 다를 것 같지는 않다).

놀라운 성장률을 보이며 빠르게 발전해 간 **파타고니아**는 10억 달러 기업으로 올라섰다. 그런데 그 과정에서 여러 차례 이본과 그의 팀은 자신들이 하고 있는 일을 왜 하는지 반성하고 숙고하는 시간을 가졌다. 그 결과 그들은 핵심 가치를 기반으로 한 궤도 수정을 선택했다. 전통적인 자본주의 관점에서는 전대미문의 사업방식을 채택한 그러한 변화가 기업의 성장에 제한을 가하기도 했다. 어쩌면 치명타를 얻어맞고 휘청거릴 수도 있었는데 **파타고니아**는 전혀 그렇지 않았다.

그렇다면 **파타고니아**가 완벽한 기업이고 이본 쉬나드는 완벽한 인간인가? 전혀 그렇지 않다. 그리고 그것이 핵심은 아니다.

중요한 것은, 수익에 앞서 원칙을 선택한 것이 결과적으로 더 큰 성장을 가져온 **파타고니아**의 예를 통해 우리가 배울 수 있는 게 무엇인가, 바로 이것이다. 우선 하나는, 잠시 멈춰 서서 반성하고 숙고하는 시간을 갖는 것이 진화된 의사결정으로 나아가는 중요한 첫걸음이라는 사실이다. 유명한 심리학자인 카를 구스타프 융[12]이 우리에게 내린 경고에 귀를 기울여 보자. "무의식을 의식화하지 않으면 그 무의식이 당신의 삶을 좌지우지할 것이고, 당신은 그것을 운명이라고 부르게 된다."

대체로 보통의 리더들은 그들이 사업을 하면서 자신들의 신념과 행동이 어떻게 발전하고 있는지를 잠시 멈춰서 **의도적으로** 반성하지 않는다. 그런 의도성이 없으면, 리더는 자기도 모르게 진정성을 잃은 행동과 결정의 순환 고리 속에 휩쓸리게 되고, 궁극적으로는 자신이나 자기 조직이 원하는 곳에 다다르지 못하게 할 수도 있다. 따라서 목표의 달성이 자신을 행복하게 해 주고, 결국

---

[12] **카를 구스타프 융**Carl Gustav Jung, 1875-1961: <콤플렉스> 학설의 기초를 마련하고 정신분열증의 심리적 이해와 정신치료를 처음으로 실시한 스위스의 정신의학자. 지그문트 프로이트와 정신분석학 연구를 하면서도 알프레드 아들러의 사회심리학의 중요성을 받아들여 나름의 분석심리학 이론을 개척하였다.

에는 자신이 이끄는 조직 역시 원하는 곳에 다다르게 해 준다는 믿음을 갖고 하나의 목표를 달성하고 나면 다음의 목표가 무엇인지 계속 추적해 가야 한다. 이것은 중간에 멈추게 할 수 없는 트레드밀과 같은 것으로, 바로 자신을 강화시켜 주는 행동의 순환인 것이다.

이 책에서 나는 사업에서 이루어지는 행동의 순환, 직원과 고객과 지역사회와 환경을 포함하는 행동의 순환에 집중하려고 한다. 이러한 순환이 긍정적이거나 부정적인 되먹임 고리feedback loop를 만들어내고, 결국에는 심리학자들이 말하는 선순환 고리나 악순환 고리로 이어질 수 있다. 다른 분야에서는 이 되먹임 고리를 **피그말리온 효과**[13]혹은 자기실현적 예언라 부르기도 한다. 선순환 고리와 악순환 고리는 어느 정도 비슷하게 작동하지만 결과는 완전히 다르게 나타난다. 두 순환 고리는 다음과 같은 모양으로 나타낼 수 있다.

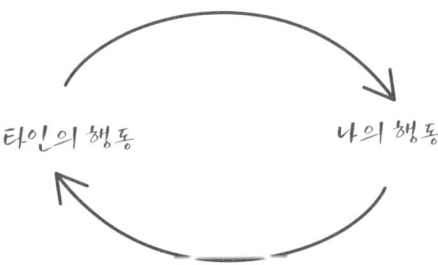

---

13 **피그말리온 효과**Pygmalion effect는 교육심리학에서 교사(리더)의 기대에 따라 학생(리더를 따르는 사람)의 성적이 향상되는 심리적 작용을 말하는 것이고, **자기실현적 예언**self-fulfilling prophecy은 사회심리학에서 사용되는 용어로 어떤 주장이나 믿음을 그대로 믿으면 실제로 믿는 대로 이루어진다는 개념이다.

내가 당신을 돕는다. 다음엔 당신이 나를 돕게 된다. 그러면 나는 다시 당신을 도와주고 싶은 마음이 생긴다―선순환 고리.

차를 몰고 가는데 당신 차가 끼어들려고 하면 내가 고함을 친다. 당신은 내가 너무 무례한 사람이라고 생각하고 속도를 더 높여 끼어든다. 나는 화가 나서 경적을 크게 울린다―악순환 고리.

이본은 피톤을 만들었고, 그래서 암벽등반을 할 수 있었다. 등반 동료들이 그 피톤을 사고 싶어 했다. 이본은 피톤을 더 많이 만들었다. 그의 동료들과 동료의 친구들이 가세하니 피톤이 점점 더 많이 팔렸다. 이런 상황은 선순환 고리일까, 악순환 고리일까? 관점에 따라 다르다. 유용성의 관점에서 보면 선순환 고리가 맞다. 그러나 환경적인 관점에서 보면 악순환 고리이다. 잠시 멈춰서서 반성하고 핵심 원칙이 무엇인지 다시 한번 되새기는 일을 통해 이본은 이익이나 유용성보다는 환경을 더 우선으로 생각했던 것이다. 물론 단기적으로는 수익에 큰 타격이 있었지만, 결과적으로는 회사가 폭발적으로 성장하는 계기가 되었다. 아마 계속 전통적인 방식을 고집했더라면 그런 성장이 불가능했을지도 모른다.

이본은 과연 엄정하고 합리적인 분석을 통해 자신이 내린 결정이 옳은 결정이라고 예측했을까? 그럴 수도 있다. 그러나 세상은 복잡하고 불확실하다. 어떤 주장의 논리적인 측면 이외에 더 많은 것을 테이블 위에 올려놓고 판단할 필요가 있다. 이본은 자신의 신념이 과연 진정성을 지니고 있는지, 자신의 내면을 들여다보면서 그 신념을 계속 검증하였던 것이다.

이 점을 앞에서 제시한 모델에 적용해 보자. 너무 단순하다 싶은 모델의 틀을 유지하면서, 시카고에 있는 **라이트 재단**[14]의 아이디어에서 끌어낸 한 가지 요소만 추가하면 된다.

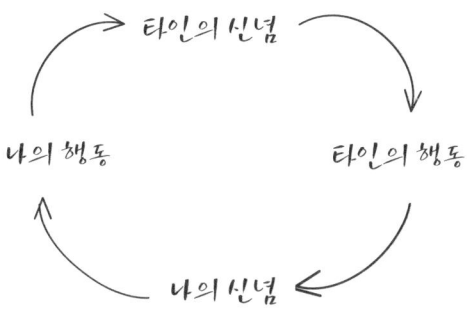

다른 사람들이 항상 나의 행동에 맞춰 그대로 반응하는 것은 아니다. 내가 당신을 돕는다고 해서 당신이 자동적으로 나를 도우려 하지는 않는다. 내가 만든 어떤 물건을 당신이 사줬으면 한다고 해서 실제로 당신이 구입할지 여부는 알 수 없는 일이다.

우리의 행동은 어떤 여과장치, 단순하게 말하자면 행동의 다른 쪽에 있는 '신념'이라는 여과장치를 거쳐 나온 것이다. 그 여과장치는 행동을 해석하고 그에 따른 반응을 형성하는 방식이나.

---

14 라이트 재단 The Wright Foundation은 최신의 사회적 지능 및 감성지능 기술을 활용한 인생 코칭, 감성지능 코스 등을 통해 인간의 잠재력을 배양하고 사회에 더 많은 기여를 하도록 도와주는 비영리 재단이다.

오늘 아침 일찍 나는 어느 한 직원을 도와주고 싶은 마음에 그를 불러 요즘 맡고 있는 프로젝트에 관해 몇 가지를 물어보았다. 처음에는 내 질문에 마음을 터놓고 대답하더니, 내가 질문을 계속 이어 나가자 불쑥 이렇게 말하는 것이었다. "저를 믿지 못하시는군요. 제힘으로 이걸 해내지 못할 거라고 생각하십니까?"

내가 도움을 줄 수 있다고 믿고, 그래서 도움을 주는 방식으로 행동한다고 해서 상대방이 나의 그 행동을 그대로, 곧이곧대로 받아들이는 것은 아니다. '도와주려는' 나의 행동이 다른 사람의 신념, 즉 우리 대표는 우리를 그다지 신뢰하지 않는다는 신념과 충돌할 수도 있다. 말하자면 직원들은, 의식적으로든 무의식적으로든, 나의 도움을 불신의 렌즈를 통해 보고는 "아뇨, 괜찮습니다"라고 반응하거나, 아무 말 없이 돌아설 수도 있다. 그러면 그런 직원들의 행동이 나에게 되돌아오고, 그래서 다음에 그 비슷한 상황이 생기면 도움을 주려는 나의 신념에 영향을 미칠 수 있는 것이다.

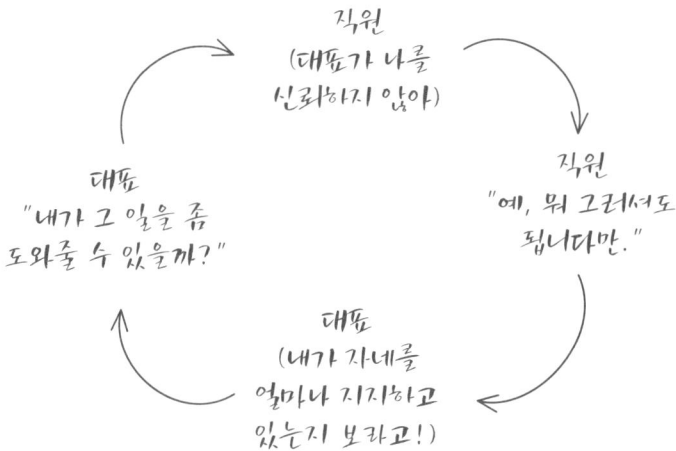

선순환 고리와 악순환 고리가 복잡해질 수 있다고 생각한다면, 맞다. 신념이라는 여과장치 때문에 잘못 이해하게 되고, 그래서 의도치 않은 그릇된 악순환이 계속될 수 있다. 이런 복잡성을 피할 수는 없지만, 해결방안은 어디서든 찾을 수 있다. 우리가 잠시 멈추고 깊이 숙고한다면 현재 벌어지고 있는 일의 근원을 밝혀내어 직접 해결하려는 시도가 가능하기 때문이다.

세상에 도움이 되는 일을 더 많이 행하기 위해 사업방식을 변화시키려고 할 때 그 변화의 핵심 열쇠는 신념에 있다. 그 신념이 사업방식을 바꿀 수 있다.

각각의 순환 고리가 중요한 문제로 떠오를 때 선택을 해야 한다. 이 선택을 프레드 코프만 박사[15]는 **대응 능력**response-ability[16]이라고 부르면서, 이 능력이 인간다움의 가장 근본적인 요소 가운데 하나라고 주장한다. 인생을 살면서 우리 앞에 던져진 패를 바꿀 수는 없다. 하지만 우리에게는 언제든지 잠시 멈춘 다음 어떤 선택을 할 수 있는 능력과 자유가 있다. 다른 사람의 행동에 따라 우리의 신념이 변하도록 놔둘 것인가, 아닌가?

다양한 내적, 외적 삶의 경험을 통해 내면 깊숙이 형성된 신념, 이상, 도덕관 등과 같은 우리의 신념은 타인의 반응에 따라 변하는 것은 아니다. 그럼에도 우리의 신념이 변화하는 데 타인의 행동이 어떤 역할을 하는지 인식하는 것이

---

[15] **프레드 코프만**Fred Kofman: 미국 UC 버클리에서 경제학 박사학위를 받은 아르헨티나 출신의 경제학자. MIT에서 6년 동안 경영 회계 및 통제 시스템을 가르치다 자신의 컨설팅 회사를 설립하여 경영진 코칭과 리더십 문화에 관한 자문에 전념함. 제너럴 모터스, 크라이슬러, 쉘, 마이크로소프트, 시티은행 등의 리더십 강의를 했음. 구글의 리더십 개발 고문. 대표 저서로 『메타 경영』Metamanagement, 『비즈니스 의식혁명』Conscious Business, 『의미 있는 혁명』The Meaning Revolution 등이 있다.

[16] 자유의지로 어떤 것을 선택할 때 그 선택에 따른 결과는 우리가 책임져야 한다. 이런 의미에서 '대응능력'response-ability은 곧 '책임'responsibility을 의미한다.

순진함: 그 개념에 관하여

중요하다. 그리고 더 중요한 것은, 우리의 신념과 행동이 타인의 신념을 진화시키는데 어떤 역할을 하는지 이해하는 일이다.

우리가 악순환 고리나 선순환 고리가 지닌 힘을 이해하는 것이 왜 중요한지 알아야 하는 이유가 여기에 있다. 우리는 신념과 행동이 계속해서 하강하며 선회하는 악순환 고리에 말려들 수 있다. 욕을 해대며 화를 내는 또 다른 운전자 때문에 기분이 상해 그날 오후를 망칠 수도 있다. 직장에서 동료가 내보이는 적개심이나 무례함에 "그래도 싸다"며 더 심하게 무례하게 대하는 식으로 맞설 수 있다. 그러나 무례는 무례를 낳고, 불신은 불신을 낳는 법이다. 이런 것들은 우리가 아주 기분이 좋을 때 잘 생각하며 선택하는 태도는 아니다. 물론 악순환 고리를 끊어 그것이 더 좋은 방향으로 가도록 하는 것은 정말 어려운 일이다. 하지만 분명한 것은, 그래야 한다는 것이다.

반면에 우리는 현재 존재하는 선순환 고리가 있다면 그것을 더 확대, 증폭시킬 수 있다. 자기가 받은 타인의 친절한 행동에 영향을 받아 다른 사람들에게 자발적으로 친절함을 베풀고 있는 많은 사람들의 이야기를 떠올려 보라. 그런 선순환 고리를 시작하려면 촉매 역할을 하는 사람이 있어야 한다. 당신이 그런 역할을 할 의향은 없는가?

이것이 바로 우리가 말하는 **영향의 잔물결**의 의미이다.

마하트마 간디는 이렇게 말했다.

"우리가 우리 자신을 바꿀 수 있다면 세상의 기운 또한 바뀌게 됩니다. 한 사람이 자신의 본성을 바꾸듯이, 그 사람에 대한 세상의 태도 또한 바뀌는 것입니다."

이본은 피톤 사업이라는 악순환의 고리를 끊고, 지속가능성과 핵심 가치를 바탕으로 그 고리를 선순환의 수레바퀴 위에 올려놓았다. 그와 그의 팀은 선택(그리고 회사의 안내문)을 통해 클린 클라이밍에 관한 신념을 지지하였고, 전체 사업 라인을 교체하여 그 신념을 행동으로 실천했으며, 그로 인해 다른 식으로는 도저히 도달할 수 없는 성장궤도에 올라서게 되었던 것이다.

유기농 목화, 근로자 권리, 지구를 위한 1%, 기후변화에 더 적극적으로 대처하기 위해 회사 **전체**를 기부하고자 하는 노력—이런 것들이 세상에 파장을 몰고 온 영향의 잔물결들이다. 변화를 원한다면 우선 행동으로 보여야 한다. 그리고 그 행동은 우리의 신념으로 시작되는 것이다.

'좋은 일을 더 많이 하고자 하는' 신념을 어떤 사람들은 순진한 것으로 보겠지만, 그래도 그런 순진함, 의도적으로 **선택한** 순진함에 더 많은 사람들이 참여할 필요가 있다. 하지만 사업과 사람에 관련된 어떤 신념들은 계속 변한다. 그렇다면 사람과 사업과 관련된 여러분의 신념들이 지난 몇 년에 걸쳐 어떤 식으로 변화하였는가? 여러분의 신념을 놓고 어떤 뜻을 갖고 **의도적으로** 숙고하고 반성하는 일이 점차 행동이나 사업에 어떤 변화를 줄 것 같은가?

만일 인간이 신뢰할 만한 가치가 있는 존재이고 본래 선한 존재라고 믿는다면, 그러한 믿음이 자기실현의 선순환 고리를 촉발시킬 수 있다. 그리고 그런 선순환은 궁극적으로는 더 나은 일터와 공동체—이 세상이 안고 있는 심각한 문제들을 해결하기 위해 구성원들의 잠재능력이 충분히 발휘될 수 있는 공간—를 만드는 것으로 이어질 것이다.

여러분 스스로가 그런 영향의 잔물결을 일으킨다고 생각해 보자. 물론 그 물결은 선한 신념에 따라 행동에 나설 수 있는 용기에서 시작된다.[17]

---

17 (원주) 여기에 나오는 개념들에 대해 더 알고 싶은 것이 있으면 애리 바인츠바이크Ari Weinzweig의 『어느 타락한 아나키스트의 사업에서의 신념의 힘에 대한 시각』*A Lapsed Anarchist's Approach to the Power of Beliefs in Business*을 보라. 애리 바인츠바이크는 제13장에서 다루게 될 **징거맨 커뮤니티 비즈니스**Zingerman's Community of Business의 공동창업자다.

제4장

신념의 진화:
신중하면서도 단순한 접근방식

"여보세요? 조쉬? 제 말 듣고 있는 겁니까?" 수화기 너머로 에반의 목소리가 들려왔다.

나는 사무실 내 책상 앞에 앉아 있었다. 책더미 위에 올려놓은 컴퓨터 너머로 돌출된 벽돌 벽이 보였다. 나는 그 벽을 멍하니 바라보며 머리를 흔들었다.

"잘 모르겠어. 근데 그래, 그런 것 같기도 하고."

에반이 웃음을 터뜨렸다. 나의 경영 코치인 그는 익히 알고 있었다, 내가 감정을 잘 다스리지 못한다는 사실을.

그때 나는 얼마 전에 에반이 제시한 것을 보고 번갯불에 맞은 듯 정신이 멍한 상태였다. 정신이 멍할 정도의 어떤 느닷없는 깨달음, 이것을 가장 잘 표현한 말이 바로 현현, 즉 **에피퍼니**epiphany가 아닐까 싶다.

그로부터 몇 년이 지난 뒤, 나는 에반에게 고맙다고 하면서 그때 그 순간이 오늘의 나를 있게 한 중요한 계기가 된 순간이었다고 했다. 왜 그때의 일이 내 인생에 큰 변화를 가져왔는지―그리고 그 일이 왜 여러분의 인생에도 변화를 가져올 수 있는지—를 알아보기 위해 전후 상황을 좀 더 살펴보기로 하자.

대부분의 사람들과 마찬가지로 나는 승리 아니면 패배라는 인식이 팽배한 세상 속에서 성장하였다. 스포츠, 비디오 게임, 학교 등 거의 모든 것이 순위와 경쟁에 매몰되어 있었다. 나중에 성인이 되어서 나는 직장, 지역사회의 기관이나 기구, 심지어 내 가정에서도 그 비슷한 것을 더 많이 경험하게 되었다. 나 역시 사업이나 가정에서, 심지어 내 삶에서조차 계속해서 내가 내린 결정들을 들여다보며 내가 얼마나 많은 것을 쌓아왔는지, 어떤 승리를 거두었는지를 계산하기에 바빴다. 물론 내가 '승리'하면 **어느 누군가가** 패배를 당했으리라는 생각이 들기는 했다. 어쨌든 위대한 철학자(?)인 리키 바비[18]의 말을 인용하면, "1등 하지 않으면 꼴찌나 다를 바 없다"는 생각이 지배적이었다.

하지만 그 점에 있어서는(다른 많은 것들도 마찬가지이지만) 리키 바비가 틀렸다. 결국 내가 깨달은 것은 모두가 승리하는 **윈-윈**을 추구하는 것이 인생에서 최고의 이상이라는 사실이었다. 협상의 대가들은 관련 당사자들을 모두 행복하게 만드는 해결책을 잘 찾는 것으로 유명하다. 또한 **윈-윈**은 아내는 음식을, 나는 디저트를 고르는 식으로 타협하는 것처럼 간단한 일이기도 하다. 서로가 만족하는 해결책을 찾는 일이 그리 쉬운 일은 아니지만 일단 찾아내기만 하면 그보다 더 좋은 것이 어디 있겠는가? 나는 승자-패자의 세상에서 **윈-윈**이 최고의 전략이라고 생각했다—에반과 전화로 통화하기 전까지는 그랬다.

---

[18] 여기서 말하는 리키 바비Ricky Bobby는 2006년에 상영된 스포츠 코미디 영화인 『탤러데가의 밤: 리키 바비의 발라드』 Talladega Nights: The Ballad of Ricky Bobby의 주인공 이름. 세계 3대 자동차경주 대회 가운데 하나인 <나스카>에서 최고 영웅으로 올라서는 주인공 리키 바비를 중심으로 우정과 경쟁과 도전의 이야기를 풀어낸 영화다. 인용된 말은 리키 바비가 열 살 때 그의 아버지가 처음 들려준 말로, 그 말을 가슴에 새긴 리키 바비가 결국 자동차 경주의 최고 드라이버가 된다.

수십 년간 경영 코치로 많은 기업에서 자문 및 트레이닝 경험을 지니고 있었던 에반은 내가 신뢰하는 조언자였다. 나는 그를 친구나 고객들에게 추천해 주었을 뿐 아니라 나 자신도 이따금 그를 고용하여 개인적인 문제나 경영과 관련된 코칭을 받곤 했다. 앞에서 언급한 전화 통화도 바로 내가 그의 코칭을 받았던 시기에 있었던 일이다.

그 전화 통화가 있기 전에 에반은 나에게 리더십 접근방식에 있어서 상호 양보나 타협의 에너지를 조사하기 위한 평가 설문지에 답을 해달라고 요청했었다. 그리고 그 결과를 검토하는 중, 보고서에 담긴 다음의 표를 보게 되었다.

7단계 리더십 에너지

1. 희생자: "내가 져 줘야지."
2. 적대자: "당신이 져야 해."
3. 합리주의자: "먼저 내가 이기고, 그다음엔 당신이 이겨도 돼."
4. 돕는 자: "당신이 이겨야지."
5. 협력자: "우리 모두가 이겨야지, 아니면 그만두사고."
6. 창조자: "언제든 우리 모두가 이겨야 해."
7. 열정주의자: "승자도 패자도 없어."

나는 이 표의 맨 아래에 있는 7단계를 뚫어지게 바라보았다. "승자도 없고 패자도 없어." 보고서의 다음 장에는 더 나아가 다음과 같은 말이 있었다. "승리나 패배는 착각에 지나지 않는다."

인생을 살다 보면 어느 순간 무언가가 분명하게 인식되는 순간들이 있다. 돌이켜 생각해 보면 옛날에도 이 메시지와 비슷한 말을 들었던 적이 있었던 것 같다. 그때, 보고서에 적힌 그 말을 보고, 무슨 이유에서인지는 몰라도 내 마음은 이미 그 말에 담긴 메시지를 받아들일 준비가 되어 있었다. 마치 유체이탈의 경험처럼, 승리의 기쁨이나 패배의 고통을 맛보았던 시절, 그 시절에 대한 온갖 기억이 내 머릿속을 마구 헤집고 질주하는 것 같았다. 승리나 패배가 착각에 불과하다는 생각이 전혀 들지 않았던 시절의 기억들. 그런데 문득 분명해지는 게 있었다. 승리로 얻은 것과 패배로 잃은 것들에 대한 지각 —그래, 모든 것이 나의 인식에 불과했던 것이구나, 하는 깨달음이었다.

카를 융이 이런 말을 했다.

"인생에서 가장 크고 중요한 문제들은 모두가 어떤 의미에서 해결할 수 없는 것들이다. 절대 풀리지 않는 문제들이다. 다만 그것에서 벗어나 뛰어넘을 수 있다."

나는 직장이나 가정이나 인생에서 어떻게 '승리'를 거둘 것인지, 그 방법을 찾아내려는 노력이 늘 부족한 게 아닌가 싶었다. 절실하게 원하던 승진을 하고 난 뒤, 혹은 정말 원하던 새 차를 구입하고 난 뒤, 나는 늘 또 다른 무엇인가를 갈망하기 시작했다. 그다음의 성취나 승리로 눈을 돌리는 순간, 승리 뒤에 찾아온 행복이 금방 불만과 낙담, 심지어 고통으로 바뀌고 말았던 것이다.

그러나 에반과 함께했던 그때 그 순간, 나는 알게 되었다. 내가 택한 렌즈를 끼고 상황을 바라본 탓에 내가 얼마나 큰 고통을 겪었는지. 승리나 패배가 다 착각에 불과하다는 메시지를 받았을 때, 융이 말한 것이 바로 그것이라는 생각이 들었다. 승리나 패배는 내가 해결할 수 있는 문제가 아니었다. 내가 그 틀에서 벗어나 뛰어넘어야 하는 문제였다. 그날 이후 지금까지 나는 승리와 패배라는 개념을 더 느슨하게 바라보기 시작했고, 그 결과는 나에게 큰 변혁의 시각을 안겨주었다.

변화하는 신념에 다가가기

에피퍼니, 어느 한순간의 깨달음을 넘어서서 그러한 인식의 변화를 내가 어떻게 고수할 수 있을까? 그 비슷한 시기에 나는 변화하는 신념에 적응할 수 있게끔 도와주는 자기 탐구 방법 틀을 접하게 되었다. 명상작업과 『당신 앞에 놓인 것을 사랑하라』Loving What Is를 포함한 여러 책을 통해 유명해진 작가 바이런 케이티[19]의 작업이었다. 스트레스를 가져다주는 생각들을 확인하고, 그에 대처하는 명상작업을 토대로 그가 제시한 방법 틀은 다음과 같다.

---

19 **바이런 케이티**Byron Katie: <바이런 케이티의 작업>이라고 알려진 명상작업을 통해 자기탐구의 방법을 가르치는 미국의 작가이자 강연자.

현재의 신념을 확인하기

다음의 질문에 대해 생각하기

- 이 신념은 어디서 배운 것인가?
- 이 신념이 절대로 참된 것인가?
- 이 신념을 유지하여 내가 얻는 것은 무엇인가?
- 이 신념을 유지하여 내가 잃는 것은 무엇인가?

우리 모두 열린 마음으로 현재의 신념에 대한 관점의 변화를 생각해 보자. 앞에서 언급한 질문들에 관해 내가 생각해 본 몇 가지를 언급하고, 그다음에 그것을 적용한 한 가지 예를 제시하겠다.

첫째, 신념이 무엇인지 명확하게 이해하는 것이 중요하다. 이 점에 관해서는 케빈 버밍엄[20]이 『당신을 구속하는 신념을 바꾸라』Change Your Limiting Beliefs에서 언급한 다음의 말이 마음에 든다.

신념이란 간단히 말하면, 어떤 것이 실제의 것이거나 참이라고 확신하는 감정을 말한다. 그 신념은 과거의 경험이나 다른 사람들에게서 배운 것을 토대로 형성된다. 신념은 현실에 대한 최선의 추측—세상이 어떻게 작동하는지 가정假定하는 정신 모형—이다. 현실 세계에 대한 우리의 지식은 한정되어 있다.

---

[20] 케빈 버밍엄Kevin Bermingham: 프로젝트 경영 및 목표 성취 전문가로 <터무니없는 당신의 꿈을 성취하자>Achieve Your Wildest Dreams라는 세미나와 워크숍으로 잘 알려져 있음.

따라서 세상을 살아가기 위해 우리는 지식 대신에 신념에 의존한다. 신념이라는 원칙과 규칙에 따라 우리는 세상이 이렇게 혹은 저렇게 움직일 것이라고 생각한다.

신념이라는 것은 현실에 대한 최선의 추측이기 때문에 우리는 신념이 정확하다고 100% 확신할 수 없다. 그리고 신념에는 어떤 신앙적인 면이 있기 마련이다. 따라서 마음의 문을 열고 우리의 생각과 신념이 시간이 지나면서 변할 수 있다고 생각하는 것은 쉬운 일이 아니다. 수십 년 전에 미래학자인 앨빈 토플러는 인터넷, 유전공학, 소비자주의와 같은 것이 유행할 것이라고 예측했다. 또한 그는 이런 말을 해서 유명해졌다. "21세기의 문맹文盲은 글을 읽고 쓸 수 없는 것이 아니라 배우지 못하는 것, 배운 것을 잊지 못하는 것, 그리고 다시 배우지 못하는 것이 될 것이다."

세상이 급속도로 변하고 점점 더 복잡해지니까 그에 맞춰 지속적으로 신념도 바뀌어야 한다고 요구하는 것은 아니다. 다만 잠시 멈추어 지금까지 고수했던 '진리'나 신념을 다시 한번 생각해 보는 능력이 전보다 더 중요해졌다는 뜻이다. 앞으로는 배운 것을 잊는 것이 배우는 것만큼 중요하다. 물론 행동과학이 가르쳐주듯, 어려운 일이긴 하다. 우리가 지닌 편견을 극복하려면 마음의 빈 공간을 만들고 의도적이 되어야 한다.

둘째, 앞에서 언급한 4개의 질문은 어떤 특정의 신념을 유지하면 항상 어떤 것을 얻거나 아니면 어떤 것을 잃는다는 사실을 보여준다.

신념은 우리의 삶을 조종하는 정신 모형이다. 통계학자인 조지 E. P. 박스[21]가 아주 재치 있게 말했듯이, "모든 모델은 틀렸다. 그러나 어떤 것은 유용하다." 물론 그의 이 말은 특수한 과학적 모형과 공식을 두고 한 말이지만, 그의 그런 생각은 우리의 논의에도 적용될 수 있다. 우리가 이 세상에 적용하는 정신 모형 중 그 어떤 것도 100% 정확할 수는 없다. 세상에 대해 우리가 아는 지식이라는 것은 한계가 있고, 세상의 변화에 따라 계속 변할 수밖에 없다. 당연히 그 지식이 편견에 물들어 어느 한쪽으로 치우칠 수도 있다. 그렇다고 정신 모형이나 신념을 버려야 한다는 의미는 아니다.

현실을 인지하고 삶을 살아가는 데 도움이 되는 렌즈로써 모형이나 원칙이나 신념은 필요하다. 이유가 뭘까? 어떤 연구에서 측정한 바에 따르면 우리의 의식이 정보를 처리하는 능력은 1초당 40비트에서 120비트 정도라고 한다. 그러나 우리가 접하는 정보의 양은 계속 증가하여 1초당 1천1백만 비트에 가깝다고 하니 어떻게 감당할 수 있겠는가? 따라서 우리는 완벽하지 않은 렌즈지만 우리가 선택한 렌즈에 의존하여 나름 일관성 있는 방식으로 생존하고 행동하는 것이다.

---

21 **조지 E. P. 박스**George Edward Pelham Box, 1919-2013-: 20세기의 가장 위대한 통계학자 가운데 한 사람으로 꼽히는 영국의 통계학자. 품질 관리, 시계열 분석, 실험계획법 등 현실 문제를 해결하는 데 많은 기여를 하였으며, 자신의 이름이 들어간 많은 모형 연구를 수행함. 제2차 세계대전 중 화학자로 군에 차출되어 독가스와 관련된 연구를 수행하다가 자신의 작업을 검사해 줄 수 있는 통계학자가 없어 스스로 통계학을 공부하기 시작한 것으로 유명함.

질문의
실제 적용

자, 그렇다면 앞에서 언급한 방법 틀을 실제로 활용해 보자. 앞에서 나는 승리와 패배에 관해서 내가 지닌 신념을 말한 바 있다. 그 신념을 이렇게 부르기로 하자. "항상 윈-윈을 추구한다."

│ 어느 경우든 윈-윈이 옳은 접근방식이라는 이 신념을 나는 어디서 배웠는가? │ 구체적으로 기억나진 않지만 경쟁이라는 개념이 일찍부터 스포츠와 학교생활 속에서 공고해진 것은 분명하다. 나는 어려서부터 축구를 좋아했는데, 그때는 아직 '모두가 승리의 트로피를 받는다'라는 식의 생각이 들지 않았을 때였다. 축구시합에서는 승리와 패배가 아주 분명했다. 학교에 다닐 때는 성적과 장학금과 학교활동을 통해 성취와 승리가 어떤 식으로 인지되고 대접받는지를 분명하게 알 수 있었다. 그러나 세월이 흘러 나중에 구체적인 경영 사례를 통해 직장에서 불평등이 어떻게 생겨나고, 또 어떻게 심화되는지를 직접 목격하다 보니 경쟁이나 성취를 달리 봐야겠다는 생각이 들었다. 그리고 "밀물이 모든 배를 띄운다"라는 금언 속에서 지혜를 찾아내었다. 그렇게 나의 신념이 형성되었고, 나는 삶 속에서 더 많은 윈-윈 해결책을 추구하게 되었다.

│ 이 신념이 절대로 참된 것인가? │ 에반과 전화 통화를 할 때까지는 그렇게

생각했다. 물론 내가 그 신념을 행동으로 옮길 때 반발이 없었던 것은 아니다. 그러나 내가 어떤 문제에 대해 윈-윈 해결책이나 타협안을 내놓을 때 상대방이 미적지근한 반응을 내보일 때도 나는 그 신념이 옳다고 생각했다.

| 이 신념을 유지하여 내가 얻는 것은 무엇인가? | 내가 생각하기엔 승리와 패배의 세계 양측으로부터 최선의 결과를 얻어냈다는 느낌이 들었다. 나는 승리하고자 계속 노력하는 한편, 다른 사람들도 어떻게 하면 승리할 수 있을까에 초점을 맞추면서 일을 해 나가자 무언가 더 큰 것을 이루었다는 느낌을 받은 것 같다. 사람들이 나를 상대방을 신경 쓰고 배려하는 리더라고 칭찬했기 때문이다.

| 이 신념을 유지하여 내가 잃는 것은 무엇인가? | 이 질문에 대해서는 대답하기가 어렵다. 솔직히 말하면, 내가 무엇을 얻으려고 열심히 노력하지 않는다며 나를 못마땅하게 생각한 사람들이 있었다. 나에 대한 리더십 평가에서 바로 이런 점을 지적한 결과를 보고 굉장히 고통스러웠던 기억이 난다. 또한 내가 윈-윈의 해결책을 내놓을 때마다 누군가가 그 해결책을 내켜 하지 않을 때, 그것은 그 사람이 무언가를 잃었다고 생각하는 것은 아닌지 하는 의문과 걱정에 시달리곤 했다.

어떠한 신념이나 모형도 완벽하지 않다. 그러나 내가 지닌 신념이 그동안 내게는 많은 도움이 되었다. 다른 것은 고려하지도 않았다. 혹 그 신념 때문에 잃은 것이 있다 해도 그것이 내 신념이 잘못된 것이 아닐까 하는 의문이 들 만큼 고통스러운 것은 아니었다. 그러다 어떤 이유 때문인지는 몰라도 예반

의 전화가 내 신념에 변화를 가져다 준 계기가 되었다. 나의 그 변화된 신념을 "승리나 패배는 (때로는 도움이 되기도 하는) 착각에 지나지 않는다"라고 부르자.

자, 이제 다시 한번 더 질문에 답하는 연습을 해 보자.

| 승리나 패배는 착각에 지나지 않는다는 신념을 나는 어디서 배웠는가? | 앞에서 말했듯이 나는 에반과 전화 통화하는 가운데 이 신념을 갖게 되었다. 그러나 더 깊이 생각해 보면, 젊었을 때 우연히 알게 되었던 어떤 철학이나 종교에 담겨있던 이 신념의 씨앗이 내 삶에 옮겨 심어졌다가 에반과 전화하는 가운데 싹을 틔운 게 아닌가 싶다.

| 이 신념이 절대로 참된 것인가? | 아마도 그럴 것이다. 그런데 이 질문은, 거듭 제기하면 할수록 어떤 점을 강조하거나 극적 효과를 노리는 수사적 질문이 되면서 반드시 짚고 넘어가야 하는 질문이 된다. 다음의 두 질문에 대한 정신적 준비단계이니 절대 그냥 무시하고 넘어가서는 안 된다.

| 이 신념을 유지하여 내가 얻는 것은 무엇인가? | 사실 이 신념은 실천에 옮기기가 무척 어렵다. 나도 패배를 당했거나 손해를 봤다고 생각하면 화를 내는 사람이다. 지난주에 한 고객이 우리 대신에 다른 컨설턴트를 선택했다는 사실을 알게 되었다. 그래도 내가 이 신념을 유지하며 마음이 흔들리지 않는다면, 나는 잠시 숨을 고르면서 그 사실을 그냥 다른 사람의 이야기인 양 그럴 수도 있지, 하면서 덤덤하게 받아들일 수가 있다. 그러면 고객을 빼앗겼

다는 사실에 속 쓰려하며 괴로워하기 보다는 왜 고객을 빼앗겼는지 생각하고 다음에는 더 잘하겠다고 다짐하게 된다. 일종의 제다이의 **마인드 트릭**[22] 같지 않은가? 물론 그러기 위해서는 많은 마음의 훈련이 필요하다. 그런 식으로 마음을 다지는 일이 쉽게 이루어지는 건 아니기 때문이다. 나 역시 완벽한 인간이 아니기에 피곤하거나 스트레스를 받으면 그런 마음 훈련에 실패할 때가 많다.

또 하나 흥미로운 것은, 윈-윈의 필요성을 버리고 나니까 아주 복잡한 어떤 문제에 있어서는 단기적으로는 누군가가 패배를 할 수밖에 없는 승리-패배의 상황이 불가피할 수 있다는 사실을 더 쉽게 인정할 수 있게 되었다는 사실이다. 가령, 상생, 즉 윈-윈 전략의 일환으로 제 3세계 국가의 군소 공급업체를 끌어들였다가 엄청난 단기 손실과 물류 상의 어려움을 겪은 바 있는 **파차 비누**[23](제15장에서 다룰 것이다)의 예가 그런 것이다.

| 이 신념을 유지하여 내가 잃는 것은 무엇인가? | 이 신념을 유지하여 내가 잃는 것이 분명히 있다. 어떤 사람들은 승리와 패배가 지배하는 세상에서 내가 이득을 충분히 취하지 못할 거라고 생각한다. 그들의 생각이 맞을 때가 있다. 나는 순진한 사람으로 취급받을 수 있다. 또한 나는 때로 사람들을

---

22 『스타워즈』Star Wars에서 제다이Jedi가 정신 조작 기술로 사용하는 〈마인드 트릭〉mind trick은 다른 사람의 인식에 변화를 가져오거나 그들 마음에 어떤 제안을 주입시키는 힘을 말한다. 여기서 저자는 자신의 패배나 손해를 마치 다른 사람의 이야기인 양 받아들여 현실적으로는 그 이야기를 통해 배우면서도 마음의 고통은 경감시킬 수 있다는 뜻에서 한 말로, 그런 것이 그가 신념을 유지하면서 얻는 것이라고 말하고 있다.
23 **파차 비누**Pacha Soap Co는 지구로부터 얻은 천연 성분으로 비누를 만들어 판매하고 그 수익금으로 페루 등지의 어린이들에게 비누로 손을 닦는 위생 교육을 실천하는 기업이다. **파차**는 **지구**라는 뜻의 페루어로 창립자가 페루 여행 중에 창업 아이디어를 얻었다고 한다.

혼란스럽게 만들기도 한다. 이유는 내가 승리/패배를 단순한 **개념**에 불과하다고 주장하지만, 그럼에도 어떤 사람들은 인생의 어느 특정 단계에서는 그들이 필요로 하는 것을 성취하는데 승리/패배의 **개념**이 도움을 줄 수 있다고 믿기 때문이다.

지금 나는 내가 믿는 것을 여러분들도 믿어보라고 요청하는 것은 아니다. 사실 나는 나의 여러 신념 가운데 어떤 하나의 신념, 그렇게 중요한 것이 아닌 한 신념을 의도적으로 선택에서 말하고 있다. 여러분이 짐작하겠지만, 과거에 내가 믿었던 것이나 지금 내가 믿고 있는 것 중에서 효력을 발휘한 것도 있고 그렇지 않은 것도 있다. 누구나 마찬가지겠지만 나 역시 불완전한 정신 모형을 지니고 있고, 따라서 새로운 깨달음으로 얻게 된 신념보다는 옛날의 신념들이 내 인생의 상당 기간 큰 도움이 되었던 것도 사실이다.

나는 여러분을 초대하여, 이 시점에서 잠시 멈춰 서서 여러분이 지니고 있는 신념에 대해 생각해 보라고 권하는 중이다. 그 신념이 세상에 관한 것이든, 사업에 관한 것이든, 혹은 인생에 관한 것이든, 아무래도 상관없다. 잠시 시간을 갖고 그 신념의 근원을 추적해 보라. 그 신념의 첫 씨앗을 누가 심어 주었는가? 시간이 지나면서 그 신념을 공고화하거나 강화시킨 것은 무엇인가? 그 신념을 얼마나 오랫동안 유시했는가? 그 신념과 상반되는 신념을 누가 지니고 있는지 아는가? 만일 여러분이 그 반대 신념을 지녔다고 가정하면, 인생에서 어떤 것이 달라졌을 거라고 생각하는가?

이 책의 요지 가운데 하나는 다른 사람들과는 조금 다르게 행동하여 성공한 리더들의 이야기를 공유하는 데 있다. 그 리더들의 정신 모형과 신념이 완전하다고 내세우는 것이 아니라 그것들이 여러분에게 조금 다르게 생각하도록 이끄는 데 도움을 줄 수 있기 때문이다. 나는 여러분을 이 자리에 초대하여, 어떤 전통적인 비즈니스 리더들—어쩌면 여러분 자신—이 지금과 같은 세상에서는 통하지 않을 거라고 여기는 신념들을 열린 마음으로 받아들이고, 순진하거나 순진하지 않은 것은 모두가 다 관점과 시각의 문제라는 사실을 이해했으면 한다.

이 책의 어떤 대목에서는 여러분이 속으로 "난 더 많은 증거를 원해" 혹은 "어디서 그런 경영 사례와 실증적 증거를 찾을 수 있지?"라며 반박할 수도 있다. 여러분의 내면에서 그런 반박의 목소리가 들린다면, 그 목소리에 고마워해야 한다. 그 목소리, 바로 당신 안의 신념이 그동안 여러분의 삶에 도움을 준 것일 수 있다. 그 목소리를 듣고 난 다음에 앞에서 언급한 질문을 적용해 보라. 다른 새로운 신념에 적용하기 전에 먼저 "나는 더 많은 증거가 필요해"라는 신념에 적용하여 그 신념으로 얻은 것은 무엇이고 잃은 것은 무엇인지 생각해 보라.

이 책의 목적 가운데 하나는 여러분(그리고 여러분의 사업) 안의 그 이성적인 부분을 여러분 마음의 또 다른 중요한 부분들, 즉 직관, 정서, 그리고 영적인 부분과 더 나은 균형을 이루게 하는 데 있다.

이 책의 다음 제2부는 어느 특정의 신념이나 진화된 경영 사례에 관한 이야기들이 각 장을 구성하고 있다. 그리고 각 장의 마지막에는 앞에서 언급한 질문들을 연습하는 부분이 나온다. 마지막으로, 여기에 수록된 이야기들이 여러분에게 영감을 주어 삶이나 사업에서 어떻게 성공과 즐거움을 이끌어낼 수 있을지 고민하고, 스스로가 과거와는 조금 다르고 더 크게 생각할 수 있기를 바란다.

제 2 부

순진함:
그 실천에 관하여

경영상의 모든 결정이나 행동의 이면에는
인간의 본성과 인간의 행위에 관한 전제가 깔려 있다.
더글러스 맥그리거[24], 『기업의 인간적 측면』 중에서

제5장

잠금 해제된 용구: 공장을 통제 해방의 공간으로 만든 순진하고 게으른 어느 최고경영자의 이야기

내 딸아이의 휴대폰이 망가졌다.

운동 후 땀에 젖은 손으로 들고 있다가 그만 놓쳐버렸다고 했다. 슬로 모션의 한 장면처럼 휴대폰이 슬슬 미끄러지는가 싶더니 한순간에 길바닥에 떨어졌다는 것이다.

휴대폰이 깨지고 화면도 꺼졌다. 10대 아이의 삶에 비상이 걸렸다. 다행히 아슈리온[25]을 통해 휴대폰 보험을 들어둔 터라 어제 오후 6시에 나는 보험대리인과 통화를 했다. 제이크란 이름의 상냥한 대리인이 다음 날 정오까지 특송으로 새 휴대폰을 집으로 보내겠다고 약속했다. 정말 놀랍게도 약속된 시간

---

[24] **더글러스 맥그리거** Douglas McGregor, 1906-1964: MIT 슬로언 경영대학원 창립자 중 한 사람으로 자발적 동기부여 이론을 주장한 역사상 가장 영향력 있는 경영학 사상가 중의 한 사람. 그는 『기업의 인간적 측면』*The Human Side of Enterprise*에서 조직이 목표를 달성하기 위해서는 강제와 지배와 통제가 필요하다는 X이론과 조직의 목표에 동의하면 사람들은 스스로를 통제한다며 동기부여를 통해 사람의 창조력을 이끌어내야 한다는 Y이론을 제시하여 인적자원관리 분야에서 논쟁을 불러일으켰다. 『기업의 인간적 측면』은 Y이론의 바이블로 통한다.

[25] **아슈리온** Asurion은 스마트폰, 태블릿, 가전제품 등과 관련된 제품의 보험, 보증 및 지원을 주 업무로 하는 미국의 보험회사로 1994년에 설립되었다.

내에 새 휴대폰이 도착했다. 제이크, 감사합니다.

잠시 이 이야기와 관련해서 생각해 보자. 우리가 살고 있는 산업 사회가 얼마나 많이 발전해왔는지. 우리의 고조부들이 이 이야기를 들으면 어떨지 상상해 보자.

10대인 내 딸아이는 손에 소형 슈퍼컴퓨터를 들고 있었다. 그것이 망가졌다. 그런데 새것이 하루도 안 되어 대륙의 반을 가로질러 딸아이 손에 배달되었다. 와우! 우리가 여기까지 오게 된 것에 대해 우리는 앞선 세대에 감사해야 할 일이다.

산업화 과정 속에서 이루어진 선대의 뛰어난 진보적 노력 덕택에 우리는 지금의 이곳까지 다다를 수 있었다. 몇몇 예를 꼽아보면, 관리자와 근로자의 과업설정을 강조한 프레드릭 테일러[26], 작업을 최소단위로 나누는데 기여한 동작 연구로 유명한 프랭크와 릴리언 길브레스 부부[27], 이동식 조립라인을 대중화시킨 헨리 포드[28] 등을 들 수 있다. 1900년대 초에 이루어진 이 모든 위대한 진전이 제조공장과 그곳의 근로자들을 **기름칠이 잘 된 기계**[29]로 전환시켰던 것이다.

---

[26] **프레드릭 윈슬로 테일러**Frederick Winslow Taylor, 1856-1915: 미국의 기계 공학자이자 최초의 경영 컨설턴트 가운데 한 사람. 조직 관리에 있어 객관적 수치와 데이터를 도입한 과학적 관리법으로 현대 경영학과 산업공학 발전에 큰 기여를 함.
[27] **프랭크 벙커 길브레스**Frank Bunker Gilbreth, 1868-1924: 미국의 공학자이자 경영 컨설턴트로 시간과 동작 연구의 선구자. 부인인 릴리언 이블린 길브레스Lillian Evelyn Gilbreth, 1878-1972는 심리학자이자 산업공학자로 심리학을 시간과 동작 연구에 적용한 최초의 산업/조직 심리학자로 인정받고 있다.
[28] **헨리 포드**Henry Ford, 1863-1947: 미국의 자동차 회사인 **포드**를 설립한 기업인이자 기술자. 컨베이어 벨트 조립 라인 방식을 도입하여 일관된 작업과정으로 생산성을 증대하여 자동차의 대량생산 성공하였는데, 이러한 생산 집약적인 체제를 흔히 **포디즘**Fordism이라고 부른다.
[29] **기름칠이 잘 된 기계**well-oiled machine란 많은 부품이 조화를 이루어 효율적으로 작동하는 기계를 뜻하는 것으로, 일반적으로 어떤 것이 효과적으로 순조롭게 진행되고 있다는 것을 지칭할 때 쓰는 표현이다.

이런 것이 제조공장은 물론 다른 산업체에서도 의미 있는 생산성 증대와 능률성 증가를 가져왔다. 이 "기름칠이 잘 된 기계"라는 접근방식이 여러 면에서 상당히 진보된 발전을 안겨다 준 것은 사실이다. 가령, 소비자들에겐 상품을 여유 있게 구매하고 사용할 수 있는 혜택을 주었으며, 주주들에게 큰 이익을 안겨주었고, 제한된 범위이긴 하지만 근로자들에겐 근로 여건을 보다 낫게 해 주고 집에 돈을 더 많이 가져가게 해 주었다. 그러나 이런 접근방식의 핵심에는 인간에 관한, 그리고 가장 효율적인 사업방식에 관한 어떤 신념이 도사리고 있었다. 그런데 그런 신념이 서서히 보다 면밀한 검증을 받으면서 비판의 대상이 되고 있다.

예를 들어, 과학적 관리법의 아버지라 불리는 사람이 옹호했던 다음과 같은 신념이 있다.

> ❝ 자기 힘으로 쇳물을 다룰 수 있다고 생각하고
> 그것을 직업으로 택할 만큼 둔감하고 어리석은 사람은
> 쇳물을 다루는 과학적인 방법을 이해할 수가 없다. ❞
> 프레드릭 테일러

이런 신념, 그리고 이와 비슷한 신념들이 현재의 지시와 봉제의 관리법을 정당화하는 데 활용되었다. 그러나 오늘날 많은 조직들은 이런 관리법에서 벗어난 진보적인 방법을 시도하려고 노력하고 있다.

그렇다면 그런 진보적인 방법이 실제로는 어떻게 보일까?

새로 온
최고경영자

장 프랑수아 조브리스트[30]가 파비[31]의 최고경영자가 된 지 불과 몇 개월밖에 지나지 않았을 때의 일이다. 그는 최고경영자로서 가급적 많은 것을 관찰하고 배우려고 했으며, 회사에 급격한 변화를 시도하는 일은 의도적으로 피했다.

그러던 어느 날, 공장 내부를 둘러보던 그는 알프레드라는 이름의 직원과 우연히 마주치게 되었다. 알프레드는 자동차 부품 생산부서에서 근무하는 기계 운영자였다. 그런데 장 프랑수아가 알프레드와 마주친 곳은 그가 일하는 곳이 아니라 자재창고 앞이었다. 알프레드는 누구를 기다리는지 그 앞에서 한참 동안 서성이고 있었다.

"여기서 뭐 하고 있는 거죠?"

장 프랑수아가 물었다.

"장갑을 바꿔야 해서요. 여기 제가 받은 쿠폰과 쓰던 장갑이 있습니다."

알프레드가 대답했다.

장 프랑수아는 파비의 규칙 하나를 알게 되었다. 직원이 새 장갑이 필요하면 먼저 상사에게 쓰던 장갑을 보여주고 쿠폰을 받아야 했다. 다음에는 그 쿠폰

---

30 **장 프랑수아 조브리스트** Jean-François Zobrist, 1943 : 프랑스의 기계 부품 생산업체인 **파비**FAVI의 전 최고경영자로, 1983년에 최고경영자가 된 이후 회사를 전통적인 지시와 통제의 조직에서 자유와 신뢰와 평등을 기반으로 한 자율과 자유의 기업으로 변모시킨 것으로 유명함.
31 **파비**FAVI는 1957년에 프랑스의 기계 부품 제조 및 공급업체로 시작하여 현재는 글로벌 자동차 부품 생산업체로 성장한 기업이다.

을 갖고 자재창고로 간다. 항상 잠겨 있는 창고 앞에 도착하면 벨을 눌러서 창고 담당자가 올 때까지 기다렸다가, 쿠폰과 쓰던 장갑을 반납하고 새 장갑을 받는 것이다.

장 프랑수와는 알프레드의 경우 새 장갑을 받기까지 약 10분 정도 걸렸다는 것을 알게 되었다. 알프레드는 왜 이런 절차를 거쳐야 하는 걸까? 그것은 공장 근로자가 혹시 물품이나 용구를 훔칠까 봐 창고를 자물쇠로 잠가놓기 때문이었다. 타당한 조치인 듯한데, 과연 옳은 방법일까?

의문을 품은 장 프랑수와는 회계부서로 가서 알프레드가 맡고 있는 기계를 작동하는 데 분당 1.75달러의 비용이 든다는 사실을 확인하였다. 그런데 알프레드가 자리를 비워도 기계는 계속 돌려야 했다. 만일 알프레드가 기계 앞에 있지 않으면 회사로서는 분당 거의 2달러 정도의 손해를 보는 셈이었다.

새 장갑 한 켤레는 1달러 정도밖에 안 된다. 따라서 실제로 계속 돌아가는 기계 곁을 10분 정도 떠나 있을 때 드는 비용을 따지면, 그 새 장갑 한 켤레 값의 거의 18배 정도 되는 셈이 된다. 나중에 한 인터뷰에서 장 프랑수와는 그때의 일을 회상하며 이렇게 말했다.

"당시의 그 절차 때문에 실제로는 장갑값이 훨씬 더 비싸게 먹히는 셈이라는 사실을 알게 되었습니다. 그리고 설혹 창고 문을 열어두어 직원이 이따금 집에서 쓸 요량으로 장갑을 집어 간다 해도, 그런 절도행위를 굳이 알리지 않는 것이 모두에게 큰 이득이 된다는 사실도 깨닫게 된 거죠."

그 일이 계기가 되어 장 프랑수와 조브리스트는 **파비**의 새 최고경영자로서 회사에 몇 가지 변화를 기해야겠다고 결심하게 되었다.

통제로부터의
해방

〰️

　장 프랑수와가 최고경영자로 임명되기 전에 프랑스에 기반을 둔 **파비**는 설립된 지 이미 25년이나 지난 회사였다. 여러 산업 분야에서 사용되는 기계 부품을 생산 공급하는 **파비**는 특히 자동차 부품 생산으로 유명한 기업이다. 장 프랑수와가 들어갔을 때 그가 물려받은 공장은 옛날 방식 그대로 운영되고 있었다. 근로자들은 교대근무 시간에 맞춰 출퇴근하고, 1분만 늦어도 그만큼 임금이 삭감되었다. 모든 기계와 그 기계 운영자들은 시간당 성과로 평가되고 있었다. 결과가 시간당 목표치에 도달하지 못하면 그 역시 임금 삼각으로 이어졌다. 모든 용구와 소모품과 안전장비들은 절도에 대비하여 잠금장치가 된 창고에 보관되었다.

　장 프랑수와는, 앞에서 언급했듯이, '용구를 잠금 해제'하겠다고 이미 마음속으로 결심한 터였다. 그런 그가 임원진에게 추가로 몇 가지를 바꾸자고 제안했을 때 당연히 반발이 없을 수 없었다. 기존에 취해왔던 통제 조치를 일부라도 완화하면 근로자들을 다스릴 수 없다는 것이었다. 여러 이야기를 듣던 장 프랑수와는 일련의 조치들을 과감하게 즉각 실행해야지, 그렇지 않으면 그 어떤 변화도 이끌어낼 수 없다고 결론을 내렸다.

　크리스마스 휴가 직전, 한 해의 마지막 근무일에 그는 공장 한쪽에 모든 직원들을 소집하였다. 상자 몇 개를 세워놓고 그 위에 올라간 그는, 회사에서 직원들을 통제하는 방식이 자기가 보기엔 충격적일 만큼 수치스럽고 받아들일 수 없는 방식이라고 말하면서 다음과 같은 변화된 조치를 발표하였다.

크리스마스 휴가가 끝나고 난 이후엔 더 이상 출퇴근 시간을 기록하지 않아도 된다. 변동급여 시스템을 고정급여 시스템으로 바꾼다. 직원 통제 수단으로서의 급여공제나 임금삭감은 없다. 자재창고의 문은 열어둘 것이며, 누구든 필요한 물품이 있으면 언제든 가져가도 된다. 다만 재고부족 시 주문을 위해 기록을 해 둔다. 임원식당은 폐쇄하고, 모든 사람이 함께 구내식당에서 점심을 먹을 수 있도록 한다.

마지막 상징적인 조치로 장 프랑수와는 관리자들이 공장 내부를 내려다보며 감독하던 유리창으로 된 감시소를 벽돌 벽으로 막아버렸다—더 이상 상아탑과 같은 그 유리 감시소에서 근로자를 지켜보는 일이 없다는 신호였다.

장 프랑수와는 그 당시 자신이 느꼈던 생각을 회고록인 『**파비 스토리: 인간은 선하다고 믿은 기업의 이야기**』*The Story of FAVI: The Company That Believes That Man is Good*에서 이렇게 말한다.

"결국 우리는 직원들의 손과 근육만을 필요로 했던 것이다… 나는 모든 사람들이 그들의 머리와 가슴을 사용할 수 있는 곳, 그런 직장을 꿈꾸고 있었다. 직원들을 옳은 일을 하는 인간, 신뢰할 수 있는 합리적인 인간으로 생각하는 그런 직장을 원했다."

그는 조직도라는 것이 인간은 악하다는 전제하에 편성되고 있다는 사실을 깨달았다. 장 프랑수와는 회고록에서 계속 자신의 생각을 밝힌다.

"맥그리거와 매슬로[32]의 연구를 기반으로 나는 '인간은 선한 존재'라는 가정하에 기존의 조직도와 다른 조직도를 구상하곤 했다. 사람들은 언제나 자기가 대접받는 대로 행동하는 경향을 보여 왔다. 만일 자유의 공간이 주어진다면 사람들은 자기계발에 나설 것이고, 스스로가 더 야심 찬 목표를 설정할 것이라고 나는 믿는다."

제3장에서 논의했던 선순환, 악순환 고리를 생각해 보자. 초기의 많은 관리 통제 시스템은 앞에서 언급한 신념들, 즉 사람들의 인간적인 측면을 무시하는 부정적인 신념들을 토대로 이루어진 것들이었다. 반면에 인간이 선하다는 것을 믿고 그 신념에 따라 행동하면, 사람들이 실제로 선하게 행동할 가능성이 높아진다. 그리고 스스로도 그렇게 믿게 된다. 이것이 바로 **파비**의 사례에서 입증된 결과다.

회사가 '해방'되고 난 뒤로 생산성이 상당히 큰 폭으로 증가되었다. 장 프랑수와는 이렇게 말한다.

"그 당시엔 금속 절삭 작업이 많았다. 그래서 공장에 20개 이상의 유압 프레스가 배치되어 있는데, 그 프레스를 모두 여성들이 담당하고 있었다. 그런데 이제 동일한 작업시간에 같은 여성 근로자들이 같은 기계로 생산하는 제품의 수량이 20% 이상 증가되었다. 또한 예상치 못한 두 번째 효과도 나타났다. 예전에는 통상적으로 근로자들이 오전 6시에 공장에 출근해서 출근 시간 기록을 위해 줄을 서서 기다리곤 했다. 그런데 이제는 오전 6시에 출근하자마자 곧

---

32 맥그리거는 주) 24 참고. **에이브러햄 해럴드 매슬로**Abraham Harold Maslow, 1908-1970는 미국의 심리학자로 생리적 욕구 및 내면의 인간적 욕구를 충족해야 자아실현이 가능하다는 <욕구 5단계 이론>으로 유명함.

바로 작업을 시작하는 게 아닌가. 저녁 퇴근 때도 마찬가지 일이 벌어졌다. 어느 순간부터 근로자들이 작업을 마무리하고 정리하면서 15분 늦게 퇴근하는 게 흔한 광경이 되었다. 예전 같았으면 벌써 작업을 끝내고 퇴근시간 기록계 앞에 서서 몇 분을 기다렸을 것이다."

파비에서는 주요 제품의 평균 생산시간이 11일에서 단 하루로 줄어들었다! 장 프랑수와의 과감한 변화 조치 이후 회사는 연간 20% 이상의 순 현금흐름을 달성하였으며, 마침내 유럽 자동차 산업의 전문 틈새시장에서 50%의 점유율을 차지할 정도로 성장하였다. 직원 이직률이 해당 산업 평균보다 낮아졌을 뿐 아니라 제품의 가격은 변동이 없지만 제품의 질은 계속 향상되었다.

많은 사람들은 공장이나 제조 환경 내에 있는 근로자들에게 자유와 신뢰를 부여하는 일을 순진한 생각이라고 믿는다. 이 부분은 사실 장 프랑수와도 동의하는 부분이지 않을까? 실제로 그가 자신의 두 번째 책 제목을 『순진하고 게으른 경영자가 해방시킨 기업』 The Company Liberated by the Naive and Lazy Little Boss 이라고 붙인 것만 봐도 알 수 있기는 하다.

하지만 만약 장 프랑수와가 순진한 생각으로 변화를 꾀하는 길로 나아가지 않았다면 그 회사가 지금 어떤 모습의 회사가 되었을까? 여러분이 상상해 보길 바란다. 고객을 사랑하고 인간을 신뢰하는 일이 순진하다면, 그냥 그렇게 생각해도 된다. 하지만 어떤 조직이 그 구성원들의 잠재능력을 최대한 발휘하도록 진정으로 노력했을 때 어떤 일이 벌어지는지, 그것을 잘 보여주는 사례가 오늘날 **파비**가 이룬 성과와 결과들이라는 사실을 명심하기 바란다.

여러분은 어떻게 생각하는가? 근로자들을 신뢰하고, 용구를 잠금 해제하고, 출퇴근 기록카드를 없앤 것이 어리석은 일일까? 근로자들에게 자기 통제권을 주기 위해서는 리더가 어느 정도로 통제권을 포기해야 할까? 여러분이 다른 사람들을 신뢰한다고 한다면, 그것을 여러분은 어떤 행동으로 보여주고 있는가?

순진함으로 돌아가자

자기성찰의 질문에 답하기 ❶

아래 서술된 신념 가운데 여러분이 전적으로 혹은 부분적으로 공감하는 것 하나를 택하시오. 아니면 이 장에서 논의된 주제와 관련하여 여러분 자신이 지닌 신념이 있다면 그것을 택해서도 됩니다. 이것은 어떤 하나의 신념이 다른 것보다 더 옳다고 여러분을 설득하려고 하는 것이 아니라, 여러분이 어떤 시각을 지니고 있는지 살펴보는 과정입니다.

- 대부분의 사람들은 물건을 훔치지 않는다고 믿어도 된다.
- 사람들이 최선을 다해 업무를 수행하도록 책임도 부여하고 통제도 해야 한다.
- 지각하거나 생산목표를 달성하지 못하면 임금을 삭감하는 것이 효과적인 관리방식이다.
- 모든 사람들은 본질적으로 선하다.
- (여러분이 제시하는 또 다른 신념!)

위의 신념 중에 하나를 선택하셨습니까? 좋습니다. 그럼 이제, 여러분 자신의 소중한 경험을 돌아보고 이 장에서 들려준 이야기를 잘 생각하신 후 다음 질문에 답해 보시오.

이 신념은 어디서 배운 것인가?

_____

_____

_____

이 신념이 절대로 참된 것인가?

_____

_____

_____

이 신념을 유지하여 내가 얻는 것은 무엇인가?

_____

_____

_____

이 신념을 유지하여 내가 잃는 것은 무엇인가?

_____

_____

_____

제6장

탁월한 영감의 엔지니어링: 알고리즘과 AI에 사랑을 설계하다

호기심을 불러일으키는 이메일 제목이었다.

당신이 사랑하게 될 새로운 업무!

그 제목을 더블클릭한 테리는 메시지의 첫 줄을 읽었다.

"우리는 현재 당신이 품질관리부서에서 일하고 있다는 것을 알고 있습니다만, 재무과에 당신의 관심사와 잘 어울릴 것 같은 자리가 나서 알려드립니다. 더 많은 것을 배우고 싶지 않으신가요?"

그동안 테리는 재무관련 일을 하겠다는 생각을 전혀 하지 않았다. 그 메시지를 신중하게 받아들여 많은 생각을 한 그녀는, 그 자리가 자기한테 정말 잘 어울리는 자리라는 사실에 깜짝 놀라고 말았다. 그녀는 관심이 있다는 답장을 보내기로 결심했고, 이어서 채용담당 매니저와 면접 일정을 잡기로 했다.

테리의 회사와 멀리 떨어진 곳에 있는 마니샤 싱[33]이 테리의 결심을 전해 듣고는 분명 싱긋이 미소 지었을 것이다. 지난봄에 우리와 인터뷰를 하는 과정에서 그때의 상황을 설명하던 마니샤는 또 다른 유형의 리더라는 사실이 분명해졌다. 다른 사람들이 자기를 순진한 사람이라고 생각하든 말든 그녀는 늘 현 상황에 의문을 품는 리더였다. 글로벌 500대 기업에 속한 **슈나이더 일렉트릭**[34]의 새로운 사내 인재 이동 플랫폼의 설계자인 그녀는 그 플랫폼 시스템에 장착한 인공지능AI이 테리와 같은 직원들에게 가져다준 결과를 대단히 자랑스러워했다.

당연한 일이겠지만 그 시스템을 실행하기까지는 웃는 날이 거의 없었다. 순탄치 않은 여정이었는데, 그 이유가 정말 엉뚱했다. 100개국 이상의 나라에 14만 명 정도의 직원을 두고 있는 회사가 새로운 플랫폼을 도입할 때는, 누구나 예상하듯이, 기술상의 문제나 실행 과정에서의 진통이 있기 마련이다. 그런데 엉뚱한 곳에서 예상치 못한 난관이 찾아온 것이다. 그것은 개방된 인재 시장이라는 개념과 AI에 얼마나 많은 **사랑**을 설계하느냐의 문제였다.

몇 년 전만 하더라도 **슈나이더 일렉트릭**의 직원들이 사내의 다른 직무를 찾으려면 링크드인[35]의 회사 페이지로 들어가야 했다. 그곳에서 관심 있는 게시물을 찾으면 채용 매니저에게 지원하는 식이었다. 당연히 직원경험[36]을 관리하는 최선의 방식은 아니었지만, 많은 글로벌 기업들이 전형적으로 그런 방식을

---

33 **마니샤 싱**Manisha Singh: 미국 MIT 슬로언 경영대학원을 졸업한 이후 여러 글로벌 기업에서 인적자원관리 전략과 관련된 일을 자문하고 프로그램을 구축해 준 인적자원관리 전문가.
34 **슈나이더 일렉트릭**Schneider Electric은 에너지 관리 기술, 자동화 시스템, 소프트웨어 및 기타 서비스를 통합하여 가정, 건물, 데이터 센터, 산업체 등의 통합 관리를 지원하는 프랑스 기업이다. 1836년에 창립되어 현재는 디지털 자동화와 에너지 관리 전문 글로벌 기업으로 성장하였다.
35 **링크드인**LinkedIn은 2002년 12월에 설립되어 2003년 5월에 운영을 시작한 미국의 전문직업인 네트워크 서비스로, 현재는 세계 최대의 비즈니스 전문 소셜 미디어 플랫폼이 되었다. 2016년에 **마이크로소프트**가 인수하였다. .
36 **직원경험**employee experience이란 직원들이 근무 현장에서 겪게 되는 다양한 경험 세계를 파악하고, 그들이 진정으로 원하는 것을 정확하고 확실하게 제공함으로써 직원들의 몰입도와 행복지수를 높여주어 그것이 궁극적으로 조직의 성과로 귀결되도록 관리하는 것을 말한다.

택하고 있었다. 그런데 마니샤는 **개방형 인재 시장**open talent marketplace이란 개념을 제안했고, 자신의 팀과 더불어 솔루션을 개발하기 시작했다. 2017년만 하더라도 마니샤가 제안한 개념은 기존의 개념을 뛰어넘는 것으로, 마니샤는 과감하게 그 개념을 기업의 세계에 도입하여 실행에 옮긴 몇 안 되는 선구자 중의 한 사람이었다.

마니샤와 그녀의 팀은 사내의 인재들이 경력을 쌓아가는 중에 어느 시점에서든, 누구의 허락을 받을 필요 없이, 희망하는 직무나 프로젝트나 코치를 선택할 수 있게 하는 단일 시장을 개념화했다.

그녀는 인적자원관리 리더들과 함께 이와 같은 대담한 구상을 실현시키는 데 필요한 정책 변화를 연구했다. 아울러 이 새로운 시도를 검증하기 위해 개념을 구상하고, 사업내용을 숙지하고, 비판적인 조정 과정을 거쳐나가기 시작했다. 마침내 그들은 플랫폼의 설계 단계를 시작했다.

수많은 플랫폼 공급업자들을 고려대상에 넣었으나 결국엔 모두 없던 일로 했다. 그들의 문제해결 방식이 마니샤와 그녀의 팀이 새로운 시스템을 통해 실현하고자 하는 이상과 맞지 않았기 때문이었다. 마니샤와 그녀의 팀은 더 깊게 생각하기 시작했다. 그들이 사람들에게 관해 이것이 바로 진실이다, 하고 믿고 있는 것은 무엇인지 다시 검토했다. 그리고 그들의 이상, 즉 새로운 시스템의 설계 원칙은 과연 인간에 대한 그들의 믿음을 어떻게 반영할 수 있는지 점검하기 시작했다.

먼저 이런 문제들이 떠올랐다. 이 새로운 인재 시장 아이디어에 인적자원관리부서가 어떻게 관여할 것인가? 인적자원 비즈니스 파트너[37]의 추천이나 검증 없이 직원이 직접 다른 직무에 지원하는 것을 그 부서가 허용할 것인가? 사내의 다른 직무에 지원하는 데 있어서 해당 직원의 상사의 의견을 들어야 하는가? 이메일의 참조란에 누구를 넣어야 할지 어느 단계에서 결정해야 하는가? 여기서 궁극적으로 가장 중요한 것이 직원의 필요인가, 회사의 필요인가? 테크놀로지를 과연 신뢰할 수 있는가? 과연 직원들을 전적으로 신뢰할 수 있는가?

이런 질문에 대한 대답이 굉장히 중요했던 것은 그 대답이 개념의 설계 원칙에 영향을 주고 작업 흐름 속에 스며들어 가야 했기 때문이다. 말하자면 이런 신념들이 AI가 사용하는 알고리즘에 영향을 미치게 되고, 그 잔물결이 하루에 수천 번씩 시스템 속에서 감지될 것이기 때문이다.

그렇다면 궁극적인 해결책은? 조직의 선호보다는 직원의 선호를 우선시하도록 시스템을 훈련시키는 것이었다.

이런 문제에 대한 마니샤의 신념은 아주 분명했다. "삶에 있어서나 직업에 있어서나 저의 개인적인 사명은 우리 모두를 사랑하는 세상, 그런 미래를 디자인하는 겁니다. 우리에게는 미래가 전개되는 대로 수동적으로 받아들이기보다는 우리의 미래를 형성할 힘이 있습니다. 제가 의도적으로 신중하게 **사랑**을 포함시킨 것은 모두를 위한 세상, 다양한 개인과 조직과 공동체와 사회, 이 모두를 위한 세상을 말하고 싶었기 때문입니다."

---

37 **인적자원 비즈니스 파트너** HR business Partner란 채용이나 인적자원관리 업무에서 더 나아가 필요한 인재를 확보하고 발굴하는 인사전략을 수립하는 역할을 담당하는 사람을 말한다.

마니샤의 그런 사명감은 이 프로젝트에 어떻게 옮겨졌을까? 마니샤 팀은 직원들을 돌보고 그들의 성장을 돕는 것을 우선으로 하는 많은 신념들을 시스템 속에 디자인했다. 다음과 같은 신념들이다.

| 평등이 중요하다 | 어느 한 직원이 관리자와 가까운 자리에 앉았다고 해서 그것이 그 직원이 일을 아주 잘하는 최고의 직원이라는 뜻은 아니다. 멀리 떨어진 곳에 앉아 있는 직원에게도 공평한 기회가 주어져야 한다.

| 자율과 자유가 우선이다 | 관리자가 아래 직원들에게 어떤 것이 좋은지 제일 잘 알고 있는 사람은 아니다. 관리자들을 통해 업무를 진행하는 것은 오히려 관료주의에 빠질 염려가 있다.

| 사람들은 스스로를 재창조할 수 있는 능력이 있다 | 마니샤는 우리가 개인적인 삶을 살면서 계속 다양한 역할을 수행하듯, 직장에서도 우리가 마음속으로 그리는 자신의 모습을 실현시킬 수 있는 무한한 능력이 있다고 믿었다. 누군가가 자신이 현재 맡고 있는 전문 분야가 아닌 다른 분야에 관심을 표한다면(앞에서 언급한 테리처럼), 그것을 존중해 주고 그가 그 분야를 탐구할 수 있도록 격려해 줘야 한다.

| 시스템이 윤리적이고 신뢰할 수 있는 것이어야 한다 | AI 데이터와 알고리즘은 직원들에게 설명할 수 있는 것이어야 하며, 확장 가능한 시스템이어야 한다. 그럼에도 사람이 최종 선택의 중추적 역할을 해야 한다. 덧붙여서, 추

천 엔진의 반향실 효과[38]에 대응하기 위한 검색 권한도 포함되어야 한다.

이런 방향을 선택하도록 인적자원관리 및 운영 담당 리더들을 설득하기 위해서는 노련한 외교술, 대화, 신중한 의사소통 등 부단한 노력이 필요했지만, 결국 그 개방형 인재 시장 플랫폼은 엄청난 성공을 거두었다. 직원 몰입도, 생산성, 새로운 기술 개발, 내적 효율성, 적절한 인재 등용—이 모든 것들이 사람 중심이라는 신념에 따라 의도적으로 접근한 플랫폼 설계가 가져다준 이득이었다. 그때 이후 다른 많은 다국적 기업들이 마니샤와 그녀의 팀이 창조한 방식을 채택하기 시작했다.

"저는 **개방형 인재 시장**이라는 개념을 개척하고 그것을 통해 직장이라는 세계를 예전에 제가 알던 세계보다 더 나은 곳으로 만드는 데 일조했다는 생각에 너무나 뿌듯해요."

사실 이처럼 의도적으로 사람 중심의 구상과 전환으로 이끌어가는 과정이 마니샤에게는 때때로 많은 갈등과 어려움을 안겨주기도 했다. 그녀 자신의 확신 때문이 아니라 그런 구상에 대해 글로벌 비즈니스 리더들이 내보인 태도 때문이었다.

그녀는 이론상으로는 훌륭해 보이지만 결국엔 무엇 하나 바꾼 게 없는 전환 프로젝트들, 사람보다는 핵심성과지표를 앞에 내세웠지만 결과적으로는 그 지표의 지침을 실행에 옮기지 못한 프로젝트들을 그동안 수도 없이 많이 보아왔

---

38 반향실 효과echo chamber effect는 비슷한 사고방식을 지닌 사람들이 함께 있으면 그들끼리 생각을 주고받는 가운데 그들의 신념과 믿음이 증폭되고 강화되는 현상을 말한다. 일종의 확증편향으로, 기존의 신념에 갇혀 있는 이용자가 다양한 정보가 주어지더라도 자신의 신념과 비슷한 정보만 지속적으로 되풀이 수용하는 현상을 비유적으로 나타낸 말이다.

었다. 그런 상황 속에서 마니샤는 사람을 최우선시하는 방식을 내세웠다. 많은 시간을 투자하고 강철 같은 결의를 다져야 했지만 자신의 신념을 버리지 않았다. 20년 넘게 글로벌 리더십 역할을 경험한 그녀는 자신의 방식이 장기적으로 비즈니스에 더 큰 도움이 된다는 사실을 알고 있지만, 여전히 많은 리더들은 그녀의 방식이 너무 "**순진하다**"며 밀어냈던 것이다.

당신이 사람들을 배려하고 그들을 진정으로 사랑한다면 그들은 실제로 당신을 위해 일할 겁니다. 굳이 그들을 엄격하게 관리하고 감독할 필요가 없으며, 일견 그럴듯해 보이지만 업무나 경험에 의미 있는 변화를 가져다주지 못하는 마구잡이식 혜택을 만들어낼 필요도 없습니다. 당근과 채찍 방식의 보상과 동기부여를 할 필요도 없습니다. 사람들은 그 이상으로 해낼 테니까요. 정말 당신을 놀라게 할 겁니다.

리더들이 여전히 마니샤의 말을 믿지 않을지도 모르나, 어쨌든 그녀는 그들이 자신의 아이디어를 거부한 것이지 그녀를 거부한 것은 아니라고 생각한다.

제가 옳은 길에 들어섰다고 생각하는데도 아직 90% 정도 거부를 당한다면, 그것은 단지 그들이 그 아이디어를 이해하지 못하기 때문입니다. 제가 그들에게 제대로 잘 보여주지 못한 탓이죠. 저는 어떤 파괴적인 방식, 그러니까 좀 더 인간적인 방식으로 공감을 갖고 무언가를 하면 어떤 긍정적인 결과가 가능할지, 그것을 보여주고 싶은 의욕에 사로잡혀 있습니다. 만일 우리가 이것을 제대로 잘 해내면, 개방형 인재 시장처럼, 모든 사람들이 뒤따르는 하나의 선례를 창출하는 셈이 될 겁니다.

다행히 마니샤는 자신의 경력을 이어오는 중에 많은 성공을 이루어냈고, 그래서 희망을 품고 사람들 개개인이 자신들의 무한한 잠재력을 충분히 발휘할 수 있도록 도와주는 일을 계속하고 있다.

타타그룹의 사람 제일주의

기관차를 제작하던 초기 시절부터 재규어, 랜드로버 등 많은 자동차를 생산하는 최근에 이르기까지 **타타그룹**[39]에는 늘 더 많은 엔지니어가 필요했다. 대학을 나온 뒤 인도의 푸네 시에 있는 **타타그룹**의 몇몇 공장에서 인적자원 비즈니스 파트너로 일하게 된 마니샤는 **타타그룹**의 독특한 인사관리 제도에 관심을 갖게 되었다.

특히 그녀가 관심을 갖고 관찰한 한 제도가 있었다. 대졸자 엔지니어 수련생 프로그램이란 제도였다. 그런데 엔지니어의 길을 가고 싶은 현장 근로자들도 그 프로그램에 지원할 수 있으며, 대학에서 공학을 공부한 대졸자와 똑같이 평가를 받고 채용위원회의 심사를 통과하면 참여할 수 있었다. 열심히 노력

---

[39] **타타그룹**Tata Group은 인도에서 1800년대에 직물 공장으로 시작하여 오늘날 화학, 자동차 등 여러 분야로 사업을 확장한 인도 최대의 다국적 복합기업이다.

하겠다는 의지가 있고, 아직 발휘하지 못한 잠재능력을 향상시키고자 하는 근로자라면 누구든지 프로그램에 참여하여 직장 내에서나 개인의 삶의 영역에서 자신을 발전시킬 수 있는 기회를 확대시킬 수가 있었다. 그 프로그램을 통해 제조분야나 연구개발, 직원관계관리, 더 나아가 인적자원관리 등 다방면에서 많은 리더들이 배출되었다. 마니샤가 **타타그룹**에 첫발을 들여놓았을 때 그 리더들 가운데 한 사람이 그녀의 롤모델이자 멘토가 되기도 했다. 마니샤는 그 때의 그 경험을 기억 속에 소중하게 간직하고 있다.

이러한 직원들에 대한 배려가 그동안 인적자원관리를 잘 한다고 계속 칭찬 받아 온 **타타그룹**과 같은 조직에서는 놀라운 일이 아니라 지극히 당연한 것이었다. 그 그룹의 직원들에 대한 사랑은 창업자인 잠셋지 타타[40]가 1800년대 후반에 인도에서 방적 및 직물 제조회사를 시작했던 초창기 시절까지 거슬러 올라간다. 잠셋지 타타는 인도 최초로 공장에 소화 스프링클러와 가습기를 설치했다. 또한 그는 근로자의 상해 보상금을 지급하기 위한 연금기금을 도입하였으며, 각 개인의 타고난 능력을 계발하려는 목적으로 견습생 프로그램도 실시하였다. 근무 중에 당한 상해나 사망에 대한 실질적인 보상이 존재하지 않았던 당시에 다른 기업과는 선명히 대조되는 **타타그룹**의 제도였다. **타타그룹**의 이런 제도들과 그 밖의 다른 사람 중심의 많은 결정들이 다른 경쟁업체들에 비해 수십 년을 앞선 선구적인 것들이었다.

그로부터 100년이 넘게 지난 지금, 마니샤는 **타타그룹** 초기의 그 가치들을

---

[40] 잠셋지 누세르완지 타타Jamsetji Nusserwanji Tata, 1839-1904: 인도 산업의 아버지라 불리는 기업인으로, 1868년에 성장이나 수익이 아닌 조국애를 근간으로 면화 사업부터 시작하여 오늘날의 **타타그룹**으로 키운 선구적인 산업가이자 당대 최고의 자선가. 인도의 영웅인 마하트마 간디나 자와할랄 네루와 비교될 만큼 인도인의 존경을 받는 인물임.

배우면서 **타타그룹**뿐 아니라 다른 기업에서도 그 가치들을 지속적으로 실행에 옮기고 있다. 나중에 **슈나이더 일렉트릭**을 위해 일할 때, 한번은 회사의 디지털 전환 노력을 지원하기 위해 총 7명의 인원을 채용할 기회가 그녀에게 주어진 적이 있었다. 모든 지원자들을 평가하고 난 뒤 그녀는 그 가운데서 7명을 고른 뒤, 그들을 채용하자고 제안했다.

그런데 인적자원관리부서와 정보기술 관련 부서에 있는 그녀 동료들이 놀라고 말았다. 그 7명 가운데 4명은 정보기술 분야의 경험이 전혀 없는 사람들이었기 때문이다. 그러나 마니샤는 사람들은 누구나 잠재능력을 지니고 있다는 신념으로 일을 시작했다. 미래에 대한 바른 전망을 토대로 그 4명을 포함하여 팀 전체를 코칭하고 멘토링하면서 착수한 디지털 전환 프로젝트는 큰 성공을 거두었다.

이 책을 쓰고 있는 지금, 마니샤는 **IBM**에서 재능 전환 관련 파트너 임원으로 일하고 있다. 그녀는 일의 미래에 대해 열정을 갖고, 좋은 의도를 갖고 구상하고 설계하면 각 개개인이 지닌 무한한 잠재능력이 풀려나올 수 있다는 신념으로 열심히 뛰고 있다. 분명한 것은, 개인이 자신의 잠재능력을 발휘하는 것에서 시작된 영향의 잔물결이 나중에는 각 조직과 더 큰 사회 더 선한 일을 할 수 있는 잠재능력을 실현하는 데 기여하리라는 점이다.

> 66 비록 내가 실패하더라도, 성공하지 못한다 해도 시도한다는 것은
> 가치 있는 일이다. 일단 내가 행하기만 하면…
> 그 시도는 다른 사람들에게 영향을 줄 수 있다는 점에서

나름의 가치를 지니는 것이기 때문이다."

마니샤 싱

자, 여러분의 생각은 어떤가? 직장의 시스템 속에 **사랑**을 설계해서 넣을 수 있다고 믿는 것이 과연 순진한 생각일까? 모든 사람들이 타고난 잠재능력을 지니고 있다는 전제하에 무엇이든 시도해 보는 것은 어떤가?

순진함으로 돌아가자

자기성찰의 질문에 답하기 ❷

마니샤의 이야기를 읽고 어떤 느낌이 들었습니까? 스스로를 되돌아보며 다음의 생각 중 하나를 선택해 봅시다. 자기성찰의 질문은 여러분이 여러 시각을 탐구하고, 여러분이 더 큰 생각을 할 수 있도록 도와주는 과정이라는 사실을 잊지 마십시오.

- 모든 사람은 아직 발휘하지 못한, 타고난 잠재능력을 지니고 있다.
- **사랑**이라는 개념은 직장 환경에서는 어울리지 않는 개념이다.
- 시스템은 직원들이 성장하는 데 도움을 주는 방향으로 설계되어야 한다.
- 관리자들은 무엇이 직원들에게 최선인지 알고 있다.
- (여러분이 제시하는 또 다른 신념!)

위의 신념 중에 하나를 선택하셨습니까? 좋습니다. 그럼 이제, 여러분 자신의 소중한 경험을 돌아보고 이 장에서 들려준 이야기를 잘 생각하신 후 다음 질문에 답해 보시오.

이 신념은 어디서 배운 것인가?

_____

_____

_____

이 신념이 절대로 참된 것인가?

_____

_____

_____

이 신념을 유지하여 내가 얻는 것, 혹은 얻을 수 있는 것은 무엇인가?

_____

_____

_____

이 신념을 유지하여 내가 잃는 것, 혹은 잃게 될 것은 무엇인가?

_____

_____

_____

제7장

더 많이 베풀기: 어느 호텔리어의 이야기 그리고 뿌린 대로 거두는 자본주의

어떤 자선 행위가 같은 양의 자원이 투입된 다른 자선 행위보다 그 영향의 파급효과가 백 배, 천 배나 더 크다는 사실을 알고 있는가?

콜린이란 친구가 이런 사실을 나에게 알려 주었고, 나는 호기심이 생겼다. 우리 회사의 핵심 가치 중의 하나가 '더 많이 베풀기'였기 때문에 좀 더 **효과적으로** 베푸는 방법이 있다는 사실을 듣는 순간 귀를 쫑긋 세우지 않을 수 없었다. 콜린은 우리에게 **효과적 이타주의**[41] 운동의 핵심 가치 중 일부를 소개해 주었고, 우리 팀은 그것을 좀 더 깊게 살펴보기로 했다.

> 66 효과적 이타주의는 '내가 최대한의 변화를 불러일으키려면 어떻게 해야 할까?'를 자문하면서, 그 대답을 찾기 위해 증거와

---

[41] **효과적 이타주의** Effective altruism는 타당한 근거를 바탕으로 이성적인 판단에 따라 다른 사람을 최대한 많이 도울 수 있는 최선의 방식을 찾아내고 그에 따라 행동하는 21세기의 등장한 철학적, 사회적 운동으로 영국 옥스퍼드 대학교에서 처음 시작되었다.

> 신중한 추론을 활용하는 방식을 취한다.
> 말하자면 좋은 일을 행하는 데에 있어
> 과학적 접근방식을 취하는 운동이다. **"**
>
> 윌리엄 맥어스킬[42]

예를 하나 들어보자. 여러분이 동물복지에 관심이 있다면 후원금이나 지원금이 관련 단체나 기구에 불균형하게 전달된다는 사실을 알아야 한다. 미국에서는 매년 거의 1백억 마리의 동물들이 공장식 축산농장에서 사육되고 있다. 그런데 그런 농장 가운데 많은 곳에서 가축들이 움직일 수 있는 여유 공간도 없이 사육되거나 마취제도 없이 거세되는 등의 잔혹 행위에 시달리고 있다. 휴, 정말 끔찍한 일이다.

그리고 미국에서는 매년 약 7백만 마리의 동물들이 동물보호소를 거쳐 간다. 이 숫자는 공장식 축산농장에서 사육되는 수에 비하면 1천4백 배나 적다. 그러나 동물보호소가 받는 기부금은 연간 50억 달러에 달하는 반면, 공장식 축산농장을 개선하기 위해 노력하는 단체에 주어지는 기부금은 불과 9천7백만 달러에 지나지 않는다. 그렇다면 만일 1달러를 더 기부한다면 이 두 곳 중 어느 곳에 기부하는 것이 더 한계효용[43]이 높을까? 당연히 공장식 축산농장을 개선하고자 하는 단체에 기부하는 것이 더 효과적일 가능성이 높다.

---

42 **윌리엄 맥어스킬**William David MacAskill, 1987-: 스코틀랜드 태생의 영국 옥스퍼드 대학교 철학과 교수이자 글로벌 우선순위 연구소의 연구교수로 **효과적 이타주의** 운동을 시작한 핵심 인물. **효과적 이타주의 센터**Center for Effective Altruism와 이 센터의 조직으로 사회에 가장 긍정적인 영향을 미치는 직업에 대한 연구와 그 연구를 바탕으로 직업 조언을 제공하는 **8만 시간**80,000 Hours, 효과적인 자선단체에 소득의 최소 10%를 기부하기로 한 사람들로 구성된 조직인 **기빙왓위캔**Giving What We Can 등의 비영리 단체의 공동설립자이기도 함.

솔직히 말하면, 선한 일에 시간이나 돈을 쓰는 방식이 어떤 파급효과를 가져올 것인지, 시간을 내서 좀 더 깊이 있게 생각하는 것이 쉬운 일은 아니다. 하지만 그렇게 생각하는 훈련을 하면 도움이 된다. 자기성찰의 시간이 되기 때문이다.

나의 경우, 많은 생각을 하다 보니 우리 가족이 기부하는 **이유**가 무엇인지, 그리고 심사숙고 끝에 결정하기보다는 왜 자주 그냥 **늘 하던 방식**대로 기부하는지를 되돌아보게 되었다. 나는 기부에 대한 우리 가족의 접근방식을 완전히 뜯어고치지는 않았지만, 일부 기부방식은 바꿔버렸다. 예를 들어, 한 동료가 우리에게 **미국 암 협회**[44]의 기금조성을 돕기 위한 기부요청서를 보냈을 때 나는 우리가 통상적으로 기부하던 액수의 절반만 보냈다. 그리고 나머지 반은 **기부웰**[45]의 효과적인 자선단체 평가를 토대로 상위에 오른 단체인 **말라리아 퇴치 재단**[46]에 보냈다.

물론 나는 암에 걸린 사람들을 위해 기금을 조성하고자 하는 그 동료를 후원하고 싶었다. 그런데 **미국 암 협회**는 기금이 풍부하다는 것을 알게 되었고, 따라서 돈 한 푼의 가치를 따진다면 개발도상국의 말라리아 퇴치를 돕는 것이 세상에 더 큰 영향을 미칠 수 있다는 생각을 했던 것이다. 잠시 멈춰 서서 우리를 실천으로 이끄는 우리 자신의 신념에 대해 다시 생각해 보는 것은 힘든

---

[43] **한계효용**marginal utility이란 재화나 용역이 증가하거나 감소함에 따라 얻게 되는 경제적 효용이나 가치의 크기를 말한다.
[44] **미국 암 협회**American Cancer Society는 암에 대한 인식을 높이고 암을 통제하기 위한 목적으로 1913년에 설립된 비영리 단체이다.
[45] **기부웰**AGiveWell은 자선단체 평가를 통해 기부를 효과적으로 하도록 도와주는 미국의 비영리 조직을 말한다.
[46] **말라리아 퇴치 재단**Against Malaria Foundation은 아프리카 지역을 중심으로 말라리아에 걸릴 위험이 큰 주민들에게 살충 방충망을 공급하는 영국에 기반을 둔 자선단체이다.

일이면서도 도움이 되는 과정이다. 그런 신념들이 시간이 지나면서 사업이든 개인의 삶에서든 어떻게 새로운 실천으로 진화되는지를 살펴보면, 좋은 일을 더 많이 행할 수 있는 기회를 창출할 수 있기 때문이다.

만일 여러분이 여러분의 신념에 대해 지속적으로 성찰하는 시간을 갖는다면, 과연 어떤 일이 벌어지게 될까? 궁금하지 않은가?

삶의 기쁨

"겉으로 보면 내가 큰 성공을 거둔 것처럼 보일지 모르겠지만 실은 내가 원하는 대로 하지 못했다는 느낌이 듭니다."

대학에 다닐 때부터 상업용 부동산을 사고팔면서 큰 성공을 거둔 칩 콘리[47]는 자신은 아직도 삶의 의미가 무엇인지, 그것을 찾으려고 노력하고 있다고 나에게 털어놓았다. MBA 학위를 받고 난 뒤에 부동산 거래를 통해 계속해서 어느 정도 성공을 거두고 있던 중, 그는 마침내 호텔 비즈니스에 처음 발을 들여놓았다. 주요 투자자로 나선 아버지 덕에 칩은 캐러밴 별장을 구입했다. 그의 말에 따르면, "정말 음침한 동네_{샌프란시스코의 텐덜로앵}에 있는 누구도 묵고 싶지 않은 형편없는 호텔"이었다. 그의 어머니가 나중에 그때의 아들의 결정에 대해

---

[47] **칩 콘리**Chip Conley, 1960-: 미국 캘리포니아에서 태어나 스탠퍼드 대학교에서 학사와 MBA 학위를 받은 호텔 비즈니스계의 혁신가. 26세인 1987년에 **주아 드 비브르 호스피탈리티**를 설립한 이후 도심의 허름한 모텔들을 구입하여 규모는 작지만 독특하고 개성 있는 부티크 호텔 사업에서 큰 성공을 거두게 됨. 2013년에 주택공유 스타트업인 **에어비앤비**에 합세하여 세계에서 가장 큰 호스피탈리티 브랜드로 성장시키는 데 도움을 준 것으로 유명함.

그들 모교 잡지와의 인터뷰에서 이런 말을 했다. "아들이 정말 바보같이 그런 곳에 첫발을 들여놓았다니까요."

그런데 곧 말을 바꿔 이렇게 설명했다. "아니, 정말 용기 있게 발을 내디딘 것이었어요. 호텔 비즈니스에 대해서는 전혀 아무런 경험도 없었거든요. 아들이 정말 그렇게 크게 사업을 일구리라고는 전혀 생각도 못 했어요. 정말 감동이에요."

결국 칩은 부티크 호텔[48] 분야를 창조하는데 앞장 선 인물로 명성을 얻게 되었다. 그는 1987년에 샌프란시스코에 호텔 겸 레스토랑 사업체인 **주아 드 비브로 호스피탈리티**Joie de Vivre Hospitality를 설립한 이후 도심의 허름한 모텔들을 구입하여 52개의 부티크 호텔로 키워냈다. 그 이후엔 글로벌 호스피탈리티 및 전략을 담당하는 책임자로 **에어비앤비**Airbnb의 리더십 팀에 합세하였다. **에어비앤비** 공동창업자 3명의 멘토이자 '모던 엘더'현대적 연장자[49]로서의 자신의 역할을 토대로 나중에 그는 『일터의 지혜: 현대적 연장자의 형성』Wisdom at Work: The Making of a Modern Elder[50]이라는 책을 썼으며, 현재 그의 주요 프로젝트인 **모던 엘더 아카데미**를 진행 중에 있다.

이 모든 과정을 통해 칩은 끊임없이 자신의 신념을 성찰하고 삶과 사업에 대한 접근방식을 진화시키는 자신만의 비결을 보여주었다. 사업을 대하는 그의

---

48 **부티크 호텔**boutique hotel이란 객실 100개 이하의 작고 개성 있는 호텔이란 뜻으로, 독특한 인테리어와 서비스로 대형 호텔과 차별화를 이룬 규모가 작은 호텔을 말한다.
49 '현대적 연장자'란 뜻의 '모던 엘더'는 자신의 경험을 토대로 세상이 어떻게 변화하는지 끊임없이 배우고 성찰하여 오늘날의 문제를 해결하는데 노력하면서, 그 지혜를 젊은 세대와의 관계 속에 투영하는 어른을 말하다.
50 우리나라에서는 『일터의 현자: 왜 세계 최고의 핫한 기업들은 시니어를 모셔오는가?』로 번역, 출간되었다.

태도에는 선한 일을 위해 현상을 파괴하면서 번창하는 사람들의 특징이 담겨 있다. 가령, **주아 드 비브르** 사업을 하던 초기 시절에 그는 더 많이 베풀 수 있는 방법을 지속적으로 탐구하며 개선했다.

> 우리가 새로 주아 드 비브르에서 일하게 된 어느 총지배인에게 그의 실적을 평가하는 기준 중 하나를 설명하며, 우리 호텔에 찾아오는 비영리 단체에 얼마나 많은 할인이나 무료 서비스를 제공하는지, 그 서비스에 들어가는 비용이 클수록 좋은 평가를 받는다고 말했을 때, 그가 얼굴에 그려내던 그 표정을 결코 잊을 수가 없습니다.
> 칩 콘리

그 시절 칩이 시도했던 이런저런 실험들이 전통적인 숙박업계 리더들과 투자자들에겐 어쩌면 **순진한** 것으로 보였을지 모른다. 그러나 칩은 훨씬 더 장기적인 전략을 세우고 온갖 노력을 아끼지 않았다. 그의 그런 전략은 상호호혜에 대한 깊은 신념에서 나온 것으로, 자기 스스로가 대접받고 싶은 대로 세상을 대하는 태도에서 비롯된 전략이다. 2001년에 어느 저널리스트가 "인과응보 자본주의"karmic capitalism라는 말을 만들어냈는데, 그 표현 그대로이다.

나는 2008년에 칩을 처음 만났고, **주아 드 비브르 호스피탈리티**를 아주 가까이에서 지켜보았다. 분명한 것은, 뛰어난 가치를 지닌 훌륭한 문화를 형성할 때 일어나는 선순환 고리를 이해하는 데 있어서 칩은 그 누구보다 시대를 앞서가는 사람이었다는 사실이다. 열정을 다하는 직원들에게 이어진 그 선순환 고리가 놀라운 고객 충성도를 창출하고, 궁극적으로 사업 수익을 증대하는 결과를 가져왔던 것이다. 더군다나 칩의 접근방식에는 진정성이 담겨 있었다. 그는 나에게 이런 말을 했다.

당신이 사람들에게 사랑과 관심을 베풀 때, 그것도 사람들이 그 사랑과 관심을 어떤 조직 운영상의 한 요소라고 느끼는 것이 아니라 진정으로 받아들이고 느끼는 방식으로 베풀 때… 사람들은 압니다. 그 관심에 진심이 담겨있음을. 그런 사랑과 관심은 인간미 넘치고 기쁨과 애정이 있는 곳에서나 가능한 것이죠. 나에게는 그 모든 것이 사랑이라는 말을 사용하지 않고서도 곳곳에 사랑이 세심하게 스며있는 기업을 창조하는 데 도움을 주는 방식이었습니다.

정말 훌륭한 생각이 아닌가. 나는 인과응보 자본주의, 즉 뿌린 대로 거두는 자본주의라는 개념이 딱 들어맞는 게 아닌가 싶었다.

그렇다면 뿌린 대로 거두는 자본주의는 실제로 어떤 식으로 작용했을까? 칩은 오스틴에서 부티크 호텔을 시작하려는 리츠 램버트라는 사람이 전화를 걸어 자문을 요청했을 때, 자진해서 자신의 대표 호텔인 피닉스 호텔의 총지배인을 보내 몇 주 동안 그녀를 돕도록 했다. 당장 무슨 이득을 보는 것도 아닌데도 칩은 그녀가 열정적으로, 즐겁게 일을 하는 것이 너무 좋아서 그렇게 했던 것이다. "나는 그녀가 성공하는 것을 보고 싶었습니다. 내 삶에 무슨 보상이 있겠지, 그런 생각은 하지도 않았습니다."

개인적인 얘기를 하자면, 이 책을 포함하여 내 프로젝트에 관해 칩은 기꺼이 시간을 할애하여 나와 아이디어를 공유하고, 삶에 관한 질문을 주고받고, 게다가 열심히 응원도 해 준 사람이다.

영향의 잔물결

앞에서 잠깐 언급했지만 **주아 드 비브르**를 시작하기 전에 칩은 상업용 부동산 거래와 그 밖의 전통적인 사업 분야의 경험이 많았다. 그런 경험을 하는 가운데 그는 일반적인 사업이라는 개념에 싫증을 느끼게 되었다. 결국 그는 자기 회사를 창업하면서 주기적으로 자기성찰의 기회를 갖게 되었고, 그 자기성찰이 그의 사업방식과 신념을 세심하게 다듬고 바꾸어나가는 데 큰 도움이 되었다. **주아 드 비브르** 사업을 성공시킨 후 손을 뗀 지 10년이 지난 지금까지도 그는 계속해서 변화를 추구하고 있는 중이다.

영리를 추구하는 기업가로서 나는 투자자본수익률ROI: return on investment에 집중하며 인생의 전반부를 보냈습니다. 그런데 지금은 또 다른 형태의 *ROI: Ripples of Impact*, 즉 **영향의 잔물결**에 집중하며 인생의 후반부를 보내고 있습니다.[51] 연못에 조약돌을 떨어뜨리면 잔물결들이 생기면서 수면 위로 퍼

---

[51] (원주) 아주 매력적인 표현인 <영향의 잔물결>이란 말은 칩의 동료인 저스틴 마이클 윌리엄스Justin Michael Williams와 셸리 티기엘스키Shelly Tygielski가 만들어낸 말임을 밝혀둔다.

져나갑니다. 인간관계에 속에서 우리의 감정은 긍정적이거나 부정적인 잔물결들을 일으킬 수 있습니다. 사업에 있어서도 마찬가지입니다. 어디서 상품이나 서비스를 구매할지, 어떤 기업문화를 형성할지, 공동체에 어떤 영향을 미칠지, 이런 문제에 대한 우리의 선택이 심오한 변화를 가져옵니다―말하자면 긍정적이거나 부정적인 잔물결을 일으키는 에너지를 세상에 보내게 되는 것입니다.

칩이 최근에 진행 중인 프로젝트들도 역시 대단히 고무적인 것들이다. 중년의 위기를 재구성하여 하나의 소명召命으로 탈바꿈시키는 데 도움을 주는 학교인 **모던 엘더 아카데미**가 2018년에 멕시코의 바하칼리포르니아 남부에서 문을 열었다.

아울러 혁신적인 방식으로 건설하고자 하는 여러 세대를 포함하는 주거공동체인 **모던 엘더 아카데미 재생공동체**가 2023년에 뉴멕시코 주에 세워졌다. 이 두 프로젝트의 목적은 무엇일까? 바로 사람들이 변화할 수 있는 공간을 설계하는 것이다. 내가 보기에 칩의 이런 노력은, 사업을 하면서 그가 실천에 옮겼던 것들의 연장선상에 있는 것이 아닌가 싶다. 바로 더 많이 베풀 수 있는 방식을 찾는 노력이다. 또한 이런 노력은 우리가 창조하는 일이나 사업에서 우리 모두가 여망하는 더 숭고한 소명이 무엇인지를 보여주는 것이기도 하다.

자, 여러분의 생각은 어떤가? 더 많이 베푸는 것, 특히 사업에서 더 많은 것을 베푸는 것이 과연 순진한 것일까?

순진함으로 돌아가자

자기성찰의 질문에 답하기 ❸

자, 이제 자기성찰의 질문을 시작하겠습니다. 늘 그렇지만, 아래 서술된 신념 가운데 여러분이 전적으로 혹은 부분적으로 공감하는 것 하나를 택하시오. 아니면 이 장에서 논의된 주제와 관련하여 여러분 자신이 지닌 신념이 있다면 그것을 택해서도 됩니다.

- 우리가 사업을 하면서 하는 일이 긍정적이든 부정적이든 영향의 잔물결을 일으킬 수 있다.
- 힘들어도 최대한 많은 것을 일구어내라. 그래야 나중에 되돌려줄 수 있다.
- 뿌린 대로 거둔다.
- 성찰의 시간을 갖고 베푸는 방식에 변화를 주는 것이 중요하다.
- (여러분이 제시하는 또 다른 신념!)

위의 신념 중에 하나를 선택하셨습니까? 좋습니다. 그럼 이제, 여러분 자신의 소중한 경험을 돌아보고 이 장에서 들려준 이야기를 잘 생각하신 후 다음 질문에 답해 보시오.

이 신념은 어디서 배운 것인가?

_____
_____
_____

이 신념이 절대로 참된 것인가?

_____
_____
_____

이 신념을 유지하여 내가 얻는 것, 혹은 얻을 수 있는 것은 무엇인가?

_____
_____
_____

이 신념을 유지하여 내가 잃는 것, 혹은 잃게 될 것은 무엇인가?

_____
_____
_____

제8장

부업:
업무 이외의
직장 밖 활동의 장려

회의실 문을 두드리는 노크 소리에 크레이그 무디[52]는 고개를 들어 문을 바라보았다. 근심 어린 표정의 한 직원의 모습이 보였다.

"크레이그, 제가 간밤에 잠을 잘 못자서요." 그녀가 말문을 열었다. "어제 제가 개인적으로 관여하는 공동체 옹호사업과 관련해서 TV 인터뷰를 세 차례나 했거든요. 그 일 때문에 업무에 지장을 초래한 것 같아 죄송해요."

크레이그는 자신이 이끄는 팀의 고참 멤버 가운데 한 사람인 그녀를 바라보고는 잠시 생각에 잠겼다. 곧이어 그는 이렇게 물었다.

"그레이스, 그 일을 하면 삶의 활기가 솟아나나요?"

그녀는 금방이라도 눈물을 흘릴 듯 대답했다.

"그럼요, 크레이그, 진짜 그래요."

---

[52] **크레이그 무디** Craig Moody: 환경 컨설팅 회사인 **버디스 그룹**의 공동창업자이자 관리책임자로 ESG(환경, 사회, 지배구조) 경영, 기업의 사회적 책임, 조직 전략 및 탈탄소 분야의 전문가.

크레이그는 그레이스에게 그 공동체 사업을 계속하라며 격려해 주었고, 두 사람은 다시 각자의 업무로 돌아갔다. **버디스 그룹**[53]의 공동창업자이자 관리 책임자인 크레이그 무디는 긍정적인 조직 변화를 촉진하는 공간 창조를 자신의 임무라고 생각하고 있는 사람이다. 그리고 비록 자기 팀에 속한 직원이 직장의 '실제 업무' 외에 이루어지는 개인적인 일과 팀이 맡아야 하는 고객 프로젝트 사이의 경계를 분명하게 구분하지 못하는 경우라도, 당연히 그 직원이 성장하도록 도와줘야 한다는 게 그의 생각이다.

그런데 크레이그는 여기서 한 발 더 앞서 나간다.

"저는 사람이 더 나은 사람이 되도록 도와주는 데 관심이 많습니다. 설혹 그 사람이 5년 후에 우리 회사를 떠날 사람이라 해도 상관없습니다. 우리는 그 사람이 어떤 방향으로 성장해 가든, 그 사람의 성장경로의 촉진제가 되었으면 합니다."

직원이 사이드 프로젝트를 하거나 더 나아가 부업을 갖도록 내버려두는 것이 어쩌면 **순진하게** 보일 수도 있다. 그러나 지속가능성 계획과 그 실행을 컨설팅해 주며 급속도로 성장한 **버디스 그룹**에서는 그것이 일종의 삶의 방식이었다. **버디스 그룹**은 이해관계가 복잡하게 얽혀있는 기관이나 조직에게 기후행동과 지속가능성 이니셔티브에 관해 협력하고 자문해 주는 기업이다. 이 회사와 협력하는 기관 중에는 네브래스카의 오마하나 오리건의 세일럼과 같은 도시, 시애틀 아쿠아리움이나 교육청과 같은 기관, 그리고 대기업 등이 있다.

---

[53] **버디스 그룹**Verdis Group은 번영을 이루면서 회복탄력성을 지닌 세상을 창조하는 것을 목표로 지속가능성 및 기후행동 계획을 제공하는 환경 컨설팅 회사로, 2009년 미국 네브래스카 오마하에서 설립되었다.

버디스 그룹의 핵심 사업에는 해당 조직이나 기관이 관련된 다양한 이해관계자들을 바라보고 생각할 수 있도록 도와주는 일이 들어 있다.

예를 들어보자. 아쿠아리움은 단순히 입구의 회전식 출입문을 통과해 들어오는 사람들만을 위한 곳이 아니다. 아쿠아리움과 연결된 이해관계자는 공무원, 환경보호론자, 각종 재단, 박애주의자, 소속 직원, 기업 등 다양하다. 심지어 해양 동물들 역시 이해관계자에 속한다고 할 수 있다. 이처럼 다양하고 폭넓은 이해관계자를 지닌 조직과 협력하는 가운데 **버디스 그룹**은 다양한 관점에서 조직을 바라보는 시각을 자체 직원들에게 쉽게 접목시킬 수가 있었다.

버디스에서 일하는 사람 각 개개인은 다양한 이해관계자에 둘러싸여 있는 사람이자 개인의 삶을 살면서 '실제 업무' 외에 다양한 욕구를 지닌 사람이다. 그리고 그 직원들은 시공간적으로 **버디스 그룹**의 울타리 안에만 머물고 있는 사람이 아니라 훨씬 더 큰 생태계의 구성원이기도 하다.

이런 모든 점을 고려한다면, 크레이그의 관리방식을 납득할 수 있을 것이다. 만일 그가 그레이스가 '실제 업무'를 수행하면서 창출해 낸 성과와 **버디스 그룹**의 단기 성과에만 관심을 갖고 있다면, 그는 그것 이외의 그 어떤 일도 다 업무에 대한 집중을 방해하는 것으로 여겼을 것이다.

그러나 크레이그는 다양한 이해관계자로 이루어진 생태계의 일원이 된다는 것의 의미를 깊게 생각하면서 **버디스 그룹**의 성과에 대해서는 그리 크게 집착하지 않았다.

> **❝** 우리가 직원들에게 세상 밖으로 나가 더 멋진 일을 하도록
> 독려한 것이 가져다준 그 응보를 믿게 되었습니다.
> 좋은 경험을 쌓고, 세상을 배우고, 스스로 즐기면서
> 다양한 사람들을 만나고 나면, 직장에서도 일을 척척 잘 해내더군요. **❞**
> 크레이그 무디

우리 회사의 경우

이코닉의 우리 팀도 비슷하다. 우리는 직원들에게 부업을 해도 된다고 허락하며, 어느 직원이 부업을 찾았다고 하면 축하해 주기도 한다. 한 팀원의 경우 어떤 전문 코칭 자격을 얻기 위해 계속 열심히 노력하고 있는데, 앞으로 이따금 업무와 병행해서 고객과 개인적으로 직접 거래하는 일도 있을 것 같다. 그가 그런 일을 회사를 통해서 하든 독자적으로 추진하든 그가 잘 알아서 판단할 문제다. 물론 나의 이런 관리방식에 의문을 제기하면서 너무 **순진하다**고 말하는 사람들이 있다. 가령 이런 식이다.

"사람들이 자네를 이용할 거라고. 회사에 아무런 보탬도 안 되는 일에 시간을 허투루 쓰면서 급여는 꼬박꼬박 챙겨갈걸."

그러나 우리 경험에 비추어보면, 그렇지 않다. 신뢰를 준 만큼 보답을 해 주기 때문이다. 만일 회사에 기여하는 것과 비교해서 각자가 받는 급여에 의문

이 있으면, 그 문제는 전혀 다른 방식으로 해결해야 한다. 기대와 성과 시스템을 놓고 대화할 문제이기 때문이다.

사람들이 직장인에 관해 얘기할 때 내 귀에 가장 많이 들려오는 말이 바로 "사람들이 당신을 이용하게 될 거야"라는 말이다. 사실 직원 개인이 받는 급여를 토대로 그 직원이 마땅히 어느 정도의 시간을 회사에 기여해야 하는지, 그 기준이 분명치가 않다.

거듭 말하지만, 이것은 성과시스템과 관련된 문제이며, 회사는 단지 개인의 시간을 '빌려 쓰는' 것이라는 구시대적인 사고방식에서 비롯된 것이다. 한 개인이 투입한 시간보다는 그가 창출해 낸 성과에 더 초점을 맞추는 방식으로의 전환은 더 큰 참여와 결과를 낳았다. 이것은 물리적으로 개인의 근무시간을 지켜보며 감시하는 게 불가능했던 최근의 팬데믹 시기 동안에 더욱 명확해진 바 있다.

사이드 프로젝트나 부업을 장려하는 회사가 **버디스 그룹**이나 **이코닉**만 있는 게 아니다. 교육전문 컨설팅 회사인 **레블 비즈니스 스쿨**[54]은 아예 고용계약서에 부업을 갖는 것에 동의한다는 조항을 집어넣기도 했다. 약 150명의 직원을 둔 디지털 에이전시인 **트라이벌 월드와이드 런던**[55]의 경우, 직원들 가운데 부업으로 **엣시**[56] 쇼핑몰을 운영하거나 구독서비스 사업을 하는 사람들이 있

---

[54] 레블 비즈니스 스쿨Rebel Business School은 스타트업 교육, 기업교육이나 기업가 교육 및 리더십 교육 등을 통해 창업부터 사업의 성공적인 정착을 도와주는 전문 교육 및 코칭 서비스 회사로 2012년에 영국에서 설립되었다.
[55] 트라이벌 월드와이드 런던Tribal Worldwide London은 1995년 영국 런던에서 설립된 광고 서비스 업체로, 기업 브랜드와 테크놀로지와 실제 삶 사이의 연관관계를 연구하여 고객경험 중심의 기업 브랜드 경험 생태계 구축을 도와 고객충성도를 높이도록 지원하는 디지털 에이전시이다.

다. **트라이벌**의 최고경영자도 지난 20년 동안 부업으로 레코드 회사를 운영했을 정도이다. 이런 회사들의 리더들이 이구동성으로 하는 말은, 회사 밖의 일에 관심을 갖는 것이 팀 구성을 다양화하는 데 도움을 주어 고객들과 좀 더 흥미로운 대화를 이끌어갈 수 있도록 하며, 오히려 그런 것이 회사에도 도움이 된다는 것이다. 그리고 대체로 어느 회사든 직원들이 종종 나름의 사이드 프로젝트를 하고 있다고 보아야 한다. 직원들과 마음을 터놓고 얘기하다 보면 다 알 수 있는 일이다.

직원들에게 '실제 업무에만 집중하지 말고 부업이나 다른 프로젝트도 해 보라고 장려하는 것이 얼핏 직관에 어긋나는 일처럼 보일 수 있다. 그러나 인적자원 전문가이자 『일터에서의 인간 경험』Human Experience at Work의 저자인 벤 휘터[57]는 사업의 발전은 "인간의 욕구나 필요"와 동일선상에 있다고 말했다. 이런 점에서 부업이나 사이드 프로젝트가 삶에서 중요한 부분이 될 수 있는데, 그 이유는 그런 일을 통해서 사람들이 자기 성장과 발전의 주인의식을 갖게 되고 그들이 원하는 삶을 설계할 수 있기 때문이다.

"사람들이 승진에 목매고 지위를 얻으려고 발버둥 치기보다는 점점 더 즐거움과 자유를 누리고 싶어 한다." 자신의 책에서 이렇게 말한 휘터는 이어서 다음과 같은 말도 했다. "분명히 말하지만, 고용주들도 이미 그 사실을 깨닫고 있다. 만일 고용주가 직원들이 스스로가 원하는 최선의 삶을 살 수 있게 지원할

---

56 **엣시**Etsy는 2005년에 미국에서 구축된 소셜 네트워크 쇼핑몰로, 사용자가 직접 정보를 생산하여 쌍방향으로 소통하는 웹 기술인 웹 2.0을 기반으로 한 전자상거래 사이트를 말한다.
57 **벤 휘터**Ben Whitter: 세계 최고의 경영 사상가를 선정하여 2년마다 한 번씩 발표하는 **싱커스 50**Thinkers50 재단에 의해 2021년에 직원 경험 연구로 최고 경영 사상자 중 한 사람으로 꼽힌 인간경험 및 직원경험 분야의 전문가.

수 없다면, 그들은 계속해서 자기가 하고 싶은 일을 독자적으로 해나갈 것이다. 그것으로 인해 조직이 입게 될 손실이 너무 커서 나중에는 감당할 수 없을 정도가 될 것이다."

여러분은 어떻게 생각하는가? 직원들이 부업을 갖도록 허용하는 것이 **순진한** 생각일까? 전통적인 의미의 근무 시간 외에 좋은 의도로 시작한 프로젝트에 대해서는 어떻게 생각하는가? 오늘날과 같이 '어느 곳에서든 항상 일할 수 있는' 세상에서 '회사 근무 시간'과 '개인의 시간' 사이의 경계를 어떻게 명확하게 구분할 수 있을 것인가?

순진함으로 돌아가자

자기성찰의 질문에 답하기 ❹

이제 자기성찰의 질문을 시작해 봅시다. 아래의 신념 중 하나를 시도해 보시오. 당신이 동의하지 않는 것이 있다 하더라도 한번 도전해 보는 것은 어떨까요?

- 우리는 사이드 프로젝트나 부업을 장려할 수 있다.
- 만일 사람들이 부업을 하게 되면 업무에 충실하지 않게 된다.
- 한 직원이 5년 후면 우리 직장을 떠나든 아니든 우리는 그 사람이 개인적으로 성장할 수 있도록 도울 수 있다.
- 근무 시간 외에 무슨 일을 하든지, 그것은 각자에게 달렸다.
- (여러분이 제시하는 또 다른 신념!)

위의 신념 중에 하나를 선택하셨습니까? 좋습니다. 그럼 이제, 여러분 자신의 소중한 경험을 돌아보고 이 장에서 들려준 이야기를 잘 생각하신 후 다음 질문에 답해 보시오.

이 신념은 어디서 배운 것인가?

_____
_____
_____

이 신념이 절대로 참된 것인가?

_____
_____
_____

이 신념을 유지하여 내가 얻는 것, 혹은 얻을 수 있는 것은 무엇인가?

_____
_____
_____

이 신념을 유지하여 내가 잃는 것, 혹은 잃게 될 것은 무엇인가?

_____
_____
_____

제9장

의식 있는 자본의 전개: 비즈니스와 리더십 재즈[58]의 리믹스

"비즈니스 관련 책들은 따분해요."

내 친구인 팀이 대학 진학을 앞둔 딸에게 이 책 첫 장의 초기 원고를 한 번 읽어보라고 권했을 때 딸인 올리비아가 이렇게 대답했다고 한다. 그러면서 올리비아는 더 확실하게 자기 입장을 표했다는 것이다. "제가 비즈니스와 관련해서 주목해서 보는 것은 기업이 단순히 돈을 버는 것이 아니라 그 이상으로 무엇을 하려고 노력하는지, 바로 그것이에요."

팀의 딸인 올리비아는 자기 주관이 아주 뚜렷한, 세심하고 꼼꼼한 아이였다. 팀이 들려준 이야기에 따르면, 올리비아는 여러 날에 걸쳐 대학 캠퍼스들을 둘러보고 난 뒤에 멋진 시설과 갖가지 행사를 눈여겨보았지만 그런 것이 휘둘리

---

[58] **리더십 재즈**는 미국의 사업가이자 작가인 맥스 드 프리Max De Pree, 1924-2017가 1992년에 출간한 동명의 책에서 언급한 개념으로, 직장에서의 리더십은 과학이 아니라 예술이라며 리더는 재즈 밴드의 리더와 같은 역할을 하여야 한다는 뜻이다. 다시 말해, 밴드의 리더처럼 구성원들의 요구와 생각을 잘 조율하고, 때로는 한발 물러나 그 자신이 구성원의 일원이 되기도 하며, 구성원들의 자발성과 다양성과 창조성 및 개개의 독특한 잠재력을 끌어올려 팀의 성공에 기여할 수 있도록 하는 리더십을 말한다.

지 않았다고 한다. "오히려 올리비아는 지속가능성, 자선활동의 기회, 산타 바버라 대학교의 가난한 학생들을 위한 무료급식 시장과 같은 학생 지원 프로그램 등에 더 깊은 인상을 받았던 모양이야."

올리비아나 그녀와 같은 생각을 지닌 친구들은 아마 비즈니스에서 더 많은 것을 기대하고 있을 것이 분명했다.

이 책을 쓰면서 나는 UN 지속가능발전목표SDGs를 기반으로 한 한편의 연구 논문을 참조했다. 지속가능발전 목표는 빈곤퇴치, 깨끗한 물과 위생 제공, 책임감 있는 소비와 생산, 지속가능한 도시 창조, 양질의 교육 보장 및 그 밖의 12개 목표와 같은 글로벌 지상과제를 중심으로 만들어진 것이다. 최근에 국제적인 차원에서 이루어진 한 설문조사에서 밀레니얼 세대[59]의 81퍼센트가 그 지속가능발전목표를 달성하는 데 비즈니스가 중요한 역할을 해야 한다고 생각하는 것으로 나타났다. 그리고 그들의 75퍼센트가 급여가 삭감되더라도 사회적인 책임을 다하는 회사에서 일할 용의가 있다고 대답했다.

이런 점에서 보면, 후대의 젊은 세대의 고객을 상대하고 젊은 세대가 직원으로 일하게 될 기업들은 어떻게 하면 지속가능한 발전을 이룰 수 있는지 고민해야 한다. 그나마 다행인 것은, 지난 몇십 년 동안 그래도 기업들이 '단순히 돈을 버는 것'이 아니라 그 이상의 일을 하도록 도와준 리더들이 있었다는 사실이다.

---

[59] 밀레니얼 세대는 1980년대 초반부터 90년대 중반 혹은 2000년대 초반까지의 출생자를 말한다. 일반적으로는 1981년생에서 1996년생까지를 뜻한다.

의식 있는 자본주의의 출발

〰️

"어떤 **방법으로** 돈을 벌 것인가, 이것이 돈을 **얼마나 많이** 벌 것인가 하는 문제만큼 중요하다."

이 말은 제프 체리[60]가 〈자본주의—더 리믹스〉라는 팟캐스트의 최근 에피소드에서 시청자들에게 들려준 몇 가지 가치 있는 조언 가운데 하나다. 제프는 그 팟캐스트의 각 에피소드에서 다양한 기업가 및 사회의 당면한 문제에 대한 해결책을 모색하는 리더들과 여러 주제를 놓고 인터뷰하는데, 그 주제들은 궁극적으로 시청자들에게 그들의 사업이나 공동체를 위해 더 많은 가치를 창조할 수 있도록 도움을 주는 것들이다.

특히 그는 어떤 방법으로 돈을 벌 것인지에 관심을 갖는 기업에 온갖 지혜를 동원하여 도움을 줄 수 있는 사람인데, 당연히 그럴 만하다. 지난 수십 년간 **의식 있는 자본주의**[61]라고 알려진 분야에서 일해 왔기 때문이다.

의식 있는 자본주의란 사람과 지구, 그리고 이익을 중심으로 그 결과와 책

---

60 **제프 체리**Jeff Cherry: 미국 가톨릭 대학교에서 건축학 석사학위를 취득한 후 1985년에 처음 벤처회사를 차렸다. 이후 기업가, 스타트업 자문역, 벤처기업 및 월스트리트 투자자로 활동하며 조직문화, 이해관계자 경영 및 혁신 분야의 권위자가 된 인물. 포천 500대 기업, 정부기관 및 스타트업계에서 고객 이해와 역동적이고 능률적인 조직 문화와 관련하여 신뢰하는 조언자로 유명함.

61 **의식 있는 자본주의**conscious capitalism란 기업이 높은 차원의 목적의식을 갖고, 기업을 둘러싼 다양한 이해관계자와의 연관성을 명확히 인식하여 깨어 있는 조직문화와 경영으로 세상에 선한 영향을 주어야 한다는 개념으로, 홀푸드 마켓Whole Foods Market의 공동설립자인 존 매키John Mackey와 매사추세츠의 밥슨 대학에서 마케팅을 가르치던(현재는 멕시코의 몬테레이 공과대학의 석좌교수임) 라젠드라 시소디어Rajendra Sisodia 교수가 2013년에 하버드 비즈니스 리뷰 출판부에서 출간한 『의식 있는 자본주의』Conscious Capitalism에서 처음 사용한 개념이다.

임성을 강조하는 방향으로 사업을 활용하며 인간다움을 증진시키려는 노력이다. 이익추구 기업이 장기적으로 지속가능하려면 수익을 내야 하지만 재정수익의 점진적인 성장이나 감소는 궁극적으로 사람과 지구를 어떻게 대하느냐에 달려있다는 것이다.

2013년에 제프는 기업의 DNA 속에 **이해관계자 자본주의**[62]가 심겨 있는 새로운 스타트업 회사를 배양하고 성장을 돕기 위해 **의식 있는 벤처 랩**을 출발시켰다. 또한 그는 **랩**에서 키운 회사는 물론 그동안은 이익추구에 집중했지만 이제는 **이해관계자 자본주의**라는 사명의식에 동조하며 참여하는 회사들에 투자할 목적으로 설립된 **의식 있는 벤처 펀드**의 운영에도 관여했다. 대단히 중요하면서도 혁신적인 태도였다. 왜냐하면, 제프가 언급했듯이, 그동안 기업에 대한 투자 대부분이 투자자본수익률을 극대화하는 유일한 방법은 주주의 이익이 '한 기업이 실질적으로 진정한 가치를 창조하기 위해서 관계를 맺어야 하는 주주 외의 모든 이해관계자들'의 이익에 우선한다고 생각한 투자자들의 손에서 나왔기 때문이다. 그런 투자가들은 보다 윤리적인 원료를 확보한다든지 직원들에게 특별한 복지혜택을 제공하는 데 드는 추가비용은 불필요한 비용이며, 이익의 극대화에 저해되는 비용이라고 생각할 수가 있다.

제프는 앞서 말한 두 개의 벤처 사업 전에 이미 지속가능한 사업에 초점을 맞춘 대안투자 경영사들과 일한 바가 있다. 『의식 있는 자본주의』라는 책이 나

---

62 **이해관계자 자본주의** stakeholder capitalism란 주주의 이익을 극대화하는 **주주 자본주의** shareholder capitalism와는 달리 주주뿐 아니라 직원, 소비자, 협력업체, 지역사회 등 다양한 이해관계자들이 기업의 공동주인이라는 시각의 자본주의를 말한다. 요즘 많이 거론되는 기업의 지속가능 성장을 추구하는 ESG경영 또한 이해관계자 자본주의의 하나다.

오기 전의 일이다. 제프는 **의식 있는 자본주의**를 추구하는 기업들에게 가치를 중시하는 대안의 펀딩회사를 연결시켜 주는 일을 할 뿐 아니라 비즈니스에서 좋은 일을 하면 그것이 실제로 비즈니스에도 좋은 결과를 안겨준다는 사실을 전파하는 역할도 하고 있다.

제프는 이렇게 말한다. "저는 이것을 '**목적의 역설**'이라고 말합니다. 그리고 그 역설이 자주 이루어지고 있는 것을 목격하고 있습니다."

> ❝ 기업들이 어떻게 돈을 벌 것인지
> ─직원을 어떻게 대우해 주고, 환경을 어떻게 지켜내고,
> 고객에게 어떻게 봉사할 것인지─에 더 많이 관심을 갖고 집중하면,
> 그것이 거의 항상 더 많은 돈을 벌게 해 주는 결과를 낳는다. ❞
>
> 제프 체리

제프가 분명하게 인식하고 있었던 것은 이제는 초점이 수단에 놓여야 하고, 그 수단은 목적과 연결되어야 한다는 것이다. 다시 말해, 리더가 그 모든 "멋지고 순진한" 일들을 한다고 해도 그것이 오로지 돈을 벌 목적에서 하는 것이라면, 사람들이 그런 사실을 금방 알아차린다는 것이다. 진정성이 없기 때문이다.

제프는 그런 **목적의 역설**이 랩에서 키워낸 회사나 펀드를 통해 투자한 회사에서 이루어지고 있음을 관찰한 바 있다. 하지만 사업을 **어떻게** 할 것인가, 하는 생각은 이미 초창기에 건축설계 사업을 하면서 처음 경험했었다. 제프는 대학을 졸업한 뒤 몇 년 뒤에 건축설계 회사를 시작하면서 주변 사람들과 어

떻게 협조하며 조화롭게 일해야 하는지, 그 문제에 봉착한 적이 있다.

"그때는 졸업 후에 막 건축가로 일할 때였습니다. 건축을 공부하다 보니 전통적인 비즈니스 스쿨에서 가르치는 경영이니 뭐니 하는 것은 전혀 배우지 못했던 셈입니다."

그때가 1986년이었다. 제일 먼저 해결할 일은 조직을 구성하는 일이었다. 그는 위에서 아래로 의사결정이 전달되는 탑다운 방식의 지휘통제라는 전통적인 피라미드 구조는 영 마음에 들지 않았다고 했다. 옳지 않다고 생각했던 것이다. "그리고 다른 사람들에게 지시를 내릴 권리가 나한테 있는 것인지, 확신도 서지 않았고 자신감도 없었습니다."

어쨌든 제프는 사람 중심의 보다 협력적인 접근방식으로 사업을 구상하고 업무를 수행하는 데 관심이 있었다. 그러던 중 **포르셰**의 전 최고경영자로 보다 민주적이고 합의에 기반을 둔 리더십을 강조한 피터 슈츠[63]와의 면담을 비롯하여 여러 군데에서 영감을 받았다고 하였다.

저는 또한 맥스 드 프리가 쓴 『리더십 재즈』라는 책에서도 영감을 받았습니다. 재즈 음악처럼, 조직의 리더는 조직을 구성해야 할 책임이 있지만 참여하는 모든 사람들은 자신들의 악기를 연주해야 합니다. 리더가 색소폰을 어떻게 연주해야 하는지 말하지 않고, 독주를 할 때도 어떻게 해야 하는지 말하지 않습니다. 밴드는 그들이 연주하는 곡의 전반적인 가락뿐만 아니라 누가

---

[63] **피터 슈츠** Peter Schutz, 1930-2017: 독일 태생의 미국 사업가로 일리노이 공과대학을 졸업한 후 <캐터필러 트랙터> 및 여러 기업에서 근무하다 1981년에서 87년까지 **포르셰** Porsche의 사장 겸 최고경영자로 있었는데, 그 기간 동안 판매실적이 크게 향상되었다고 함.

청중인지, 그들이 창조해야 할 분위기가 어떤 것인지 알아야 합니다. 그들이 그런 것을 알고 연주한다면 정말 멋진 연주가 되는 겁니다.

제프가 이런 접근방식을 자신의 설계회사에 적용하면서 사람들은 더 행복해지고, 자신이 진정 어떤 사람인지를 자유롭게 확인할 수 있었다. 그러면서 그는 사업의 목적이 돈을 버는 것뿐만 아니라 주변 사람들에게 어떤 느낌을 줄 것인지, 자신이 대접받고 싶은 대로 주변 사람들을 대접하는 것이 얼마나 중요한지 깨닫게 되었다. 이런 깨달음이 제프의 가슴에 와닿았으며, 그가 사업방식을 진화시키는 데 신경 쓰게 한 결정적인 계기가 되었다.

"지금까지 살아오면서 저는 오로지 주말을 고대하며 일하는 게 아닌가 싶은 친구들과 가족들을 봐왔습니다. 그들의 일이 얼마나 그들을 진 빠지게 하는지, 주중의 그 고단함을 극복하기 위해 하루하루를 얼마나 정신없이 지내는지를 보고 정말 마음이 얼마나 아팠는지 모릅니다."

제프의 친구들과 가족들만이 아니다.

갤럽이 매년 계속해서 보고한 바에 따르면 직장인들 가운데 60에서 80퍼센트가 자기 업무에 흥미를 느끼지 못하고, 심하게는 자신과 아무런 관련이 없는 일을 한다는 느낌을 받는다는 것이다. 직장에서의 일이 이런 식이 되어서는 안 된다. 직장에서의 일은 리더가 돈을 **얼마나 많이** 벌 것인가에 신경을 쓰는 만큼 **어떻게** 돈을 벌 것인가를 신경 쓸 때, 실제로 인간성의 번성을 가져오는 통로가 될 수 있기 때문이다.

그렇다면 기업들과 투자가들이 돈을 많이 버는 것보다는 어떤 식으로 돈을 벌 것인가에 신경을 더 쓰게 된다면 과연 세상이 지금과는 다른 모습으로 변할 것인가? 나는 제프가 말한 **목적의 역설**이 우리가 꿈꾸는 순진한 세상에서도 그 진가를 발휘하리라 확신한다.

순진함으로 돌아가자

자기성찰의 질문에 답하기 ❺

자기성찰의 질문 시간입니다. 아래의 신념 중 하나를 선택하여 그 신념을 견지했을 때 당신이 얻는 것은 무엇이고 잃는 것은 무엇인지, 잘 생각해 보시기 바랍니다.

- 일은 인간성 번성의 통로가 될 수 있다.
- 만일 당신이 공적 자본이나 투자 관련 일을 한다면 투자 대비 수익이 얼마인지가 유일하게 가장 중요한 문제라고 생각한다.
- 돈을 어떻게 벌 것인가가 돈을 얼마나 많이 벌 것인가 하는 문제보다 훨씬 중요하다.
- 수익을 내지 못하면 사람들을 돌볼 수가 없다.
- 사람들, 소비자들, 그리고 환경을 신경 쓰고 돌보는 것이 수익을 내는 길로 이어질 수 있다.
- (여러분이 제시하는 또 다른 신념!)

위의 신념 중에 하나를 선택하셨습니까? 좋습니다. 그럼 이제, 제프의 이야기와 여러분 자신의 소중한 경험을 바탕으로 잘 생각하신 후 다음 질문에 답해 보시오.

이 신념은 어디서 배운 것인가?

_____
_____
_____

이 신념이 절대로 참된 것인가?

_____
_____
_____

이 신념을 유지하여 내가 얻는 것, 혹은 얻을 수 있는 것은 무엇인가?

_____
_____
_____
_____

이 신념을 유지하여 내가 잃는 것, 혹은 잃게 될 것은 무엇인가?

_____
_____
_____
_____

제10장

아이디어 공유:
지적재산과
영업비밀의 공개?

코카콜라의 비밀 레시피를 알고 싶은가?

커널 샌더스[64]가 비밀로 하는 11가지 허브와 스파이스를 배합하는 비법을 알고 싶지 않은가?

참깨 빵에 순 쇠고기 패티 두 장, 특별한 소스, 양상추, 치즈, 피클, 양파가 곁들여진 **맥도날드**의 빅맥은 또 어떤가?

많은 레스토랑이나 식품 회사들에게는 금광에서 금을 캐내듯 성공적인 레시피를 발굴하는 것이 중요하다. 그 비법은 선택된 몇몇 사람만이 열어볼 수 있는 금고 속에 보관될 것이다. 온갖 추측이 난무하고 수많은 모방 레시피가 등장하겠지만, 그만큼 그 '경쟁우위'의 비법을 보호하기 위해 많은 특허, 변호사, (고비용의) 분리 공정, 공급망 관리 등 많은 방법이 동원될 것이다. 따라서

---

64 **커널 할랜드 샌더스**Colonel Harland Sanders, 1890-1980: 패스트푸드 치킨 레스토랑 체인인 **켄터키 프라이드치킨**(KFC)을 설립한 미국의 기업인으로, 그의 이름과 이미지가 그 기업의 상징이 됨.

정반대의 현상을 접하게 되면 뭔가 이상하다고 느끼지 않을까?

비밀
공개하기
〰〰〰

더 많은 염분 섭취가 필요했다.

내 손가락들이 말린 자두처럼 쭈글쭈글했다. 욕조에 너무 오래 몸을 담그고 있었을 때와 비슷했지만 목욕을 한 지도 여러 주가 지났으니 그 때문은 아니었다. 나는 아내에게 손을 보여주었다.

"잘 모르겠는데, 혹시 탈수증상은 아닐까?"

만일 이런 현상이 작년에 일어났더라면 우리는 아마 더 신경 쓰며 걱정했을 것이다. 그러나 이번엔 우리 부부 둘 다 별로 걱정하지 않았다. 내 몸에 나타나는 이상한 증상에 이미 익숙해진 탓이었다. 내 몸과 소화기관에서 과도하게 증식하고 있는 급성 위장염을 유발하는 박테리아, 효모 감염, 그리고 우리가 친근하게 몹쓸 놈이라고 부르는 교활한 면역억제 기생충을 없애기 위한 새로운 치료 프로그램을 시작한 지 벌써 여러 달이 지났기 때문이다.

실은 몇 달 전에 내 혈액검사 결과를 보고 나서 몇 가지 약과 여러 건강보조제를 처방하면서 담당의사가 어떻게 그런 치료 프로그램을 생각했냐며 농담 삼아 이런 말을 던지기도 했다.

"그 정도로 잘 맞추시면 경마장에 가서 돈을 걸어보세요. 많이 따실 겁니다."

그 뒤로 내 몸이 치유되면서 여러 가지 특이한 부작용이 나타나긴 했지만 그리 신경 쓸 일은 아니었다. 그런데 손가락이 말린 자두처럼 쭈글쭈글해지는 것은 전혀 새로운 증상이었다.

나는 의사에게 물었고, 그녀는 탈수증이 맞는 것 같다고 확인해 주었다. 그동안 나는 치유 중에 있는 소화기관을 자극하지 않으려고 가급적 가공식품을 멀리했었는데, 그 탓에 나트륨 섭취가 충분하지 못했던 모양이었다. 의사는 추가로 매일 전해질 보충제를 섭취하는 게 좋을 것 같다고 말했다. 나는 의사의 권고대로 (말라비틀어진 손가락들을) 치유하는 요법을 시작하기로 했다. 두세 달이 걸린다고 했다. 하지만 그 프로그램대로 하자고 엄청나게 많은 건강보조제를 섭취하면서 돈을 쓴다는 것이 어처구니없는 일은 아닌지, 그런 생각이 들기도 했다.

이 일을 경험하기 전에 나는 비타민이나 건강보조제를 섭취한 적이 없었다. 그래서 내 소화기관에 문제가 생긴 것인지도 모르겠지만, 어쨌든 나는 그랬다. 내가 보기에 비타민이나 건강보조제 업체들은 소비자의 관심을 끌기 위해 정말 열심히 노력하고 홍보도 엄청나게 많이 하는 것 같다. 그런데 그 업체들이 자기들 제품을 과하다 싶을 정도로 광고하면서 반드시 섭취해야 한다고 설득하면 할수록 나는 이런 느낌을 지울 수가 없었다. '그 제품이 나한테 꼭 필요한 것이 아니니까 그렇게 열심히 계속 광고하고 난리로구나.'

나는 대부분의 광고들이 불안정한 비즈니스 모델에 기인한 것이고, 대체로 소비자들에게 확실하지 않은 기대를 갖게 하는 것이라고 생각했다. 그런데 소화기관을 치유하는 과정에서 생각이 바뀌면서 나는 의사가 처방한 약과 건강보조제를 신뢰하게 되었다. 혈액검사 결과도 의사의 권고를 뒷받침해 주고 있고, 손가락들이 그렇게 된 것이 어떤 이유 때문인지 분명하게 확인한 터라 더더욱 그럴 수밖에 없었다. 그래서 나는 의사가 추가로 전해질 보충제를 섭취하는 게 좋다고 했으니 그녀가 권한 제품을 한번 검색해 보자고 생각했다.

그녀가 권한 것은 LMNT라는 분말음료 믹스였고, "천연원료에 무설탕이며, 팔레오-키토 친화적인 수분유지 음료 믹스"라는 광고가 붙어 있었다. 제대로 따라 읽기도 벅찬 광고였다.

그 제품의 웹사이트는 물론 다른 사이트에 나와 있는 리뷰를 다 읽은 뒤에 나는 맨 상단에 있는 '쇼핑하기' 탭을 찾아 일단 열두 묶음짜리를 사서 먹어보자고 생각했다. 그래서 휴대전화의 구매 페이지로 들어가 클릭하려는 순간 '자주 묻는 질문'FAQ란이 눈에 띄었다. 나는 계속 내려가 살펴보았다.

'FAQ'란의 맨 처음에 올라와 있는 것이 "수제품 가이드"였고, "여러분 스스로 집에서 LMNT 비율에 맞춰 전해질 보충 음료 믹스를 만들어 보고 싶나요?"라는 말이 덧붙어 있었다. 그리고 집에서 만들 때 필요한 안내사항, 재료, 정확한 용량 등등이 나와 있었다.

나는 뒤통수를 한 대 얻어맞은 듯 멍해지고 말았다.

그 회사는 그동안 내가 비타민이나 건강보조제를 만드는 회사들에 대해 갖고 있던 인상과는 전혀 딴판인 회사였다. 자신들의 특정 레시피를 제공하면 사업에 손해가 되지 않을까? 경쟁업체들이 그 레시피를 그대로 따라 하면? 사람들이 더 이상 제품을 구매하지 않고 스스로 만들어 마시면? (스포일러 경고: 주요 재료가 바로 주방 식탁 위에 있는 소금이다.)

그 회사가 자신들의 지적재산을 그렇게 투명하게 공개한 이유가 무엇인지

궁금했던 나는 LMNT의 최고경영자인 제임스 머피James Murphy에게 물었다.

"우리 회사는 사람들의 건강한 생활습관을 지원하는 일을 근간으로 삼고 있는 회사입니다. 소비자들이 LMNT를 사용하면, 참 좋은 일이죠. 우리가 가장 신경을 쓰는 것은 건강상에 어떤 결과가 나타나는지, 그것이니까요. 그리고 좋은 결과에 이르는 길이 단 하나만 있는 것은 아니죠."

제임스는 이렇게 말하면서 그 레시피가 로켓 과학처럼 난해한 것이 아니라며, 그것을 마치 무슨 고난도 수학문제처럼 이해하기 힘든 것인 양 내세우는 것은 잘못이라고 강조했다.

"아주 단순한 사실입니다. 대부분의 사람들이 소금을 더 많이 섭취해야 한다는 것이죠. 그것뿐입니다. 염화나트륨, 바로 그것이죠. 초기의 우리 웹사이트의 홈페이지에 이런 문구가 있었습니다. '문제는 바로 그 빌어먹을 소금이야.' 그러니 솔직히 말하면 비밀이 아닌 것이죠."

우리는 식품 재료와 투명성에 더 많은 가치를 부여하는 시대에 살고 있다. LMNT가 정확한 레시피를 공개했다고 해서 그것 때문에 전문기업인 그 회사에 대한 나의 믿음이 줄어든 것도 아니고, 그 회사 제품을 구입하지 않게 된 것도 아니다. 오히려 그로 인해 그 브랜드에 대한 충성심이 더욱 흔들리지 않게 되었고, 그 회사의 비즈니스에 대한 신뢰가 더욱 굳건해졌다. 지금도 그 회사의 전해질 보충제는 일상에서 빠뜨릴 수 없는 건강한 내 삶의 한 부분으로 자리 잡고 있다.

LMNT의 지적재산 공유는 진심이 담긴, 진정성 있는 노력의 일환으로 느껴졌다. 제임스의 말에 따르면, LMNT는 그 레시피를 베끼고, 더 나아가 부분적으로 상표와 포장까지 흉내 낸 회사 네 군데를 찾아냈다고 한다. 제임스는 어떤 반응을 보였을까? 그는 이렇게 말한다.

"괜찮습니다. 일종의 우정과도 같은 것이니까요. 내 친구가 다른 사람을 사귄다 해서 그 친구와의 우정에 금이 가는 것은 아니니까요. 사실 이 분야의 시장이 굉장히 크거든요. 어쩌면 정보를 공유하는 것이 더 생산적이고 역동적인 결과를 가져올 수 있고, 더 나아가 제로섬 게임을 하기보다는 풍부한 정보를 바탕으로 각자의 사업을 운영하는 게 더 재미있을 수도 있는 겁니다."

소금, 그 이상의 것을 공유하기

2012년에 **맥도날드**는 한 소비자로부터 빅맥에 들어가는 비법의 소스가 무엇이냐는 질문을 받았다. 그런데 **맥도날드**는 레시피를 공개하는 것에서 더 나아가 수석 셰프인 댄 쿠르도가 직접 나서서 소비자들이 일반 식료품 가게에서 구입할 수 있는 재료로 빅맥 만드는 법을 보여주는 유튜브 영상을 만들어 배포하였다. 다른 대기업들이 따라나서면서 수년에 걸쳐, 특히 팬데믹 동안에 봇물 터지듯 곳곳에서 '비법 레시피' 공유가 일어났다.

디즈니는 그 유명한 츄로 바이트의 레시피를, **더블트리 바이 힐튼**과 **프레타 망제**는 자신들의 초콜릿 칩 쿠키 레시피를 공개했다. **벤드 수프 컴퍼니**의 소유주인 데이브 존스는 "이런 시기에 저의 수프 레시피를 보호하기보다는 사람들에게 위안을 주는 일이 더 중요하다"고 하면서 매주 하나씩 자신이 만드는 수프들의 비법 레시피를 공개하기로 결정했다. 그리고 레스토랑 체인점인 **타코벨**이 펩시콜라의 자회사로 스낵류를 생산하는 **프리토레이**와 손잡고 내놓은 타코벨 도리토스 로코스 타코의 성공은 두 회사의 최고경영자들이 계약서를 쓰지 않고 악수하는 것만으로 이루어진 성공적인 패스트푸드 결합 사례로 손꼽히고 있다.

지적재산에 대한 장악력을 느슨하게 풀어 공유하는 추세가 식품업계에만 한정된 일이 아니다. 일론 머스크는 자신의 **하이퍼루프** 고속철도 아이디어와 관련하여 58쪽에 달하는 상세한 기술 및 사업 정보를 세상에 내놓으며, 그 기술을 구축하는 데 문제해결에 동참할 사람들을 초대하기도 했다. 또 하나, 포천 500대 기업의 84퍼센트가 오픈 소스 코드와 공유를 강조하는 **깃허브**GitHub 라는 세계 최대의 소프트웨어 개발 플랫폼을 사용하고 있다.

우리가 알고 있듯이, 자신의 정보를 가능한 한 잘 지켜내는 것이 보통의 비즈니스 관례였다. 많은 기업들에 있어서는 그런 비법 레시피나 아이디어가 그들의 경쟁우위 요소로 인식되었기 때문이다. 지금도 이런 시각이 우세하고 또 나름의 정당성을 지니고 있긴 하지만, 이제는 점점 더 많은 기업들이 그런 식의 접근방식을 다시 생각하고 있는 것이다.

정보가 공유되고 복제되는 속도가 점점 빨라짐에 따라, 이제는 단순히 아이디어를 제시하는 기업보다는 좋은 기업문화 속에서 아이디어를 실행에 옮겨 더 좋은 결실을 맺는 기업들이 경쟁우위를 지니는 시대가 되고 있다. 일례로 **LMNT**의 경우, 그들의 제품을 모방한 경쟁업체들이 많이 있지만 불과 3년

만에 연간 매출이 1백50만 달러에서 5천만 달러로 급등했으며, 그 성장속도가 늦춰질 기미가 보이지 않고 있다. 베스트셀러 작가이자 강연자인 패트릭 렌치오니는 이런 말을 했다. "큰 성공을 이룬 기업과 그렇지 못한 기업 사이의 가장 근본적인 중요한 차이는 지식정보나 노하우가 아니라 팀워크와 건강한 조직구조에서 나타난다." 이런 마음가짐으로 본다면 예전에 공유할 수 없었던 비법이나 지식을 다른 사람들도 공유할 수 있게 하는 것이 더 이득이 되지 않을까?

여러분의 생각은 어떤가? 비법 레시피나 지적재산과 관련된 아이디어를 공유하는 것이 너무 **순진한** 생각일까? 중요한 정보나 지식을 꼭 붙들고 있는 게 좋을 때는 언제인가? 그리고 그것들을 좀 느슨하게 풀어놓는 게 좋을 때는 언제인가?

순진함으로 돌아가자

자기성찰의 질문에 답하기 ❻

자, 이제 자기성찰의 질문에 답해 봅시다.

- 우리의 비법 레시피를 아는 사람들이 많으면 많을수록 좋다.
- 우리는 어떤 일이 있더라도 우리의 중요한 아이디어를 보호해야 한다.
- 아이디어를 실행에 옮기는 것이 아이디어 그 자체보다 더 중요하다. 따라서 그 아이디어를 누가 알고 있는지 개의치 않는다.
- 우리 업계에서는 지적재산이 최고다.
- (여러분이 제시하는 또 다른 신념!)

위의 신념 중에 하나를 선택하셨습니까? 좋습니다. 그럼 이제, 앞에서 언급한 내용들을 잘 생각하신 후 다음 질문에 답해 보시오.

이 신념은 어디서 배운 것인가?

_____
_____
_____

이 신념이 절대로 참된 것인가?

_____
_____
_____

이 신념을 유지하여 내가 얻는 것, 혹은 얻을 수 있는 것은 무엇인가?

_____
_____
_____

이 신념을 유지하여 내가 잃는 것, 혹은 잃게 될 것은 무엇인가?

_____
_____
_____

제11장

관습의 틀에서 벗어난 목적: 이익추구를 다른 목적의 수단으로 삼자

사우스웨스트 에어라인의 설립자인 허브 켈러허[65]가 지어낸 말이 있다. 바로 "비즈니스의 비즈니스는 사람이다"라는, 즉 사업의 본질은 사람이라는 의미의 말이다. 이 말은 유명한 경제학자인 고(故) 밀턴 프리드먼의 "비즈니스의 비즈니스는 비즈니스다," 즉 사업의 본질은 이익추구의 경영이라는 말을 비틀어 한 말이다.

프리드먼은 노벨 경제학상을 수상한 매우 존경받는 교수이자 통계학자였다. 1970년에 그는 기업의 유일한 사회적 책임은 이익과 주주 수익을 극대화하는 것이라고 주장했다. 그렇게 되어야 투자자들이 자신들이 원하는 자선사업도 할 수 있다는 논리였다. 그런 논리가 잘 통하던 시절이 바로 1900년대였다. 카네기, 록펠러, 밴더빌트 등이 최대한 부를 축적하여 자선과 기부와 야심 찬 비

---

[65] **허브 켈러허** Herb Kellerher, 1931-2019: 미국의 항공 사업가이자 변호사. **사우스웨스트 에어라인**의 공동창업자이면서 1981년부터 20년간 최고경영자로 회사운영을 맡다가 은퇴 후 사망할 때까지 명예회장을 지냄.

전으로 사회를 변혁시키려고 노력했던 때가 바로 그 시기였다.

그런 식의 비즈니스 접근방식으로 많은 발전이 이루어졌다. 그러나 오로지 주주 수익에만 초점을 맞춘 그런 접근방식이 불행하게도 많은 피해와 파괴를 초래한 것도 사실이다. 아동노동, 저임금, 작업현장에서 부상당한 근로자들을 위한 사회안전망 부재와 같은 문제들이 도처에 만연되어 있었던 것이다. 그뿐이 아니라 오늘날 우리가 직면하고 있는 기후변화를 둘러싼 많은 문제들 역시 어떤 면에 있어서는 한 가지 문제에만 집착하여 다른 문제들을 인지하지 못하는 그런 터널 비전의 접근방식과 관련이 있다. 그런데 만일 "이봐, 미안해. 하지만 이건 비즈니스야. 사람과 관련된 문제가 아니라고"라는 식의 말을 들으면 여러분은 어떤 느낌이 들고, 어떤 시나리오가 떠오르는가?

사우스웨스트 에어라인에서 캘러허는 사업의 의미에 대해 다른 식의 생각을 갖고 있었다. "비즈니스의 비즈니스는 사람이다." 이 표현을 처음 접했을 때 왜 그 말이 나의 심금을 울렸는지, 그 까닭을 나는 알고 있었다.

사람중심 경영

2004년에 나는 기업교육과 컨설팅 사업을 하는 회사에서 일하기 시작했다. 그때 나에게는 담대한 비전이 있었다.

"모든 사람들이 자신이 잘 하고 좋아하는 일을 한다면 세상이 어떤 모습으로 바뀔까?"

우리는 **리츠칼튼 호텔 컴퍼니, 메르세데스 벤츠, 에스티로더**와 같은 기업들이 직원들의 업무를 배정할 때 그들의 재능과 자연스럽게 나타나는 그들의 행동에 맞춰 업무를 배정하도록 도와주었다. 직원들이 좋아하는 일이 무엇인지 확인하고, 회사에 그 일이 필요한 것인지 살펴본 다음 그 사람과 그 일을 같이 연결시키는 것. 정말 간단한 일이 아닌가?

그런 조직들은 또 이런 접근방식을 직원채용에도 적용시켰다. 결과적으로 그로 인해 사업에도 도움이 되고, 더 나은 고객서비스가 이루어질 수 있었다고 한다. 그런데 그와 같은 엘리트 조직들 가운데 내 눈에 띈, 아주 독특한 기업이 하나 있었다. 그 기업의 비공식적인 신조가 무엇인지 아는가? 바로 "우리는 치킨 튀기는 일을 통해 사람을 성장시킨다"이다.

하먼 매니지먼트 코퍼레이션이란 회사 이름은 사람들이 잘 모르겠지만, 그 회사가 시장에 내놓은 제품과 브랜드인 **켄터키 프라이드치킨**KFC은 아마 모르는 사람들이 없을 것이다. 피트 하먼[66]이 어떻게 1852년에 커널 샌더스를 만나 그의 대표 치킨을 만들어내기 시작했는지, 그 이야기는 여기저기서 많이 소개되었다. 그러나 대규모 프랜차이즈 기업의 원조 격이라 할 수 있는 KFC의 궁극적인 경영철학이 무엇이었는지는 잘 알려져 있지 않다. 피트와 그의 아내인 얼린 하먼, 그리고 인적자원관리 리더인 재키 트루질로는 그들 회사가 레스토랑 비즈니스를 시작한 최초의 회사는 아니지만 사람중심 비즈니스를 도입한

---

[66] **피트 하먼** Pete Harman, 1919-2014: 커널 샌더스와 함께 KFC를 창업한 미국의 사업가.

회사로는 최초라고 주장한다.

오늘날 자기네 스스로 '사람우선' 혹은 '직원중심'의 조직이라고 주장하는 기업들이 많이 있다. 그러나 많은 기업의 경우, 결국에는 그런 주장이 얕은 속셈에서 던진 약속이거나 속 빈 강정의 말에 그치고 있다. 하먼의 이야기에서 내가 큰 감동을 받고 영감을 얻은 것이 있다면, 그것은 그들 사업의 목적이 식품을 파는 것보다 훨씬 더 심오한 것에 있었다는 사실이다. 그들이 식품 서비스업이든 제조업이든 농업이든, 어떤 분야의 사업을 하든 상관없이 최우선으로 중요한 것은 바로 사람의 성장과 발전이라는 것이다.

이런 정신이 그들의 문화 속에 깊이 스며들었고, 조직이 커지면서 조직 시스템도 발전되었다. 예를 들어, 그들은 어떤 직원이 초보 수준의 계산담당 업무를 평생의 경력으로 선택할 수도 있는 그런 시스템을 애초부터 만들 생각이 없었다. 그 업무에 만족해서 더 이상의 개인적인 성장을 멈추게 되는 것을 하먼은 원하지 않았다. 그래서 그들은 직원들에게 학비지원 혜택을 제공했다. 또한 강도 높은 관리자 훈련 프로그램도 제공하여 초보 수준의 업무로 시작한 사람들이 빠른 승진을 통해 관리자로 성장하든지, 아니면 또 다른 업무를 찾을 수 있도록 도와주었던 것이다.

사실 이익을 추구하는 기업에서 사람의 성장을 핵심 목적으로 삼는다는 것이 나로서는 놀랍기만 했다. 그러나 더 많은 기업을 조사하다 보니 그런 사례가 하나하나 눈에 들어오기 시작했다. 라젠드라 시소디어와 마이클 겔브가 쓴 『치유의 조직』The Healing Organization에서 더욱 심도 있게 다룬 기업의 예를 몇 개 골라 소개해 보겠다.

H-E-B는 텍사스에 소재한 개인소유의 식료품 소매업체로, 직원과 '파트너'를 합하면 그 수가 10만 명이 넘는다. 그런데 그들이 즐겨 하는 말이 "우리는 사람 중심의 장사를 하는데, 어쩌다 보니 식료품을 파는 것이죠"라는 말이다. 실제로 그렇다. H-E-B는 그동안 4억 5천만 킬로그램이 넘는 식료품을 푸드뱅크에 기부해왔을 뿐만 재난구호활동에도 적극적으로 참여해왔다. 적십자나 미국 재난청의 활동에 버금가는 역할을 한 셈이다. 그 업체의 최고경영자는 공개적으로, 그리고 공식적으로 이런 말을 했다. "우리는 직원들에게 그들이 받을 수 있는 최저임금이 아니라 최고임금을 지급합니다. 많이 받는 사람과 적게 받는 사람 사이의 소득 격차가 너무 크면 국가의 안정된 미래가 보장되지 않기 때문입니다."

여러분은 아마 **그레이스톤 베이커리**라는 빵집 이름을 들어본 적은 없어도 그곳에서 만들어내는 유명한 제품 중의 하나인 브라우니, 견과류가 들어간 진한 초콜릿 케이크를 먹어본 적은 있을 것이다. 그 맛이 얼마나 좋은지 그 브라우니가 **벤 앤 제리**의 초콜릿 퍼지 브라우니 아이스크림에 들어가게 되었다. 그런데 정말 칭찬해야 할 것은 **그레이스톤 베이커리**가 만들어내는 그 제품이 아니라 그곳이 지향하고 있는 사업모델이다.

그레이스톤 베이커리를 세운 버니 글래스먼[67]은 브라우니를 만들고 싶어서가 아니라 지역사회의 노숙자나 가난한 사람들을 도와줄 수 있는 사업 아이디

---

[67] 버니 글래스먼Bernie Glassman, 1939-2018: 항공 공학자에서 세계적인 선 수행 지도자가 된 인물로 1980년에 불교 공동체인 **젠 피스메이커**Zen Peacemaker를 설립하고, 1982년에는 **그레이스톤 베이커리**를 운영하면서 지역 공동체 내의 기술도 없고 교육도 받지 못한 빈곤층, 노숙자, 장애인 등 고용 장벽에 막혀있는 사람들에게 일자리와 직업훈련을 시키며 그 빵집을 불교 사회적 기업으로 성장시킨 불교 선구자임. 1989년에 **벤 앤 제리**와 협약을 통해 그곳에서 파는 아이스크림에 브라우니를 제공하게 됨.

어를 찾다가 빵집을 열게 되었다. 그 빵집에 전문적인 고급 제빵 기술이 필요하지 않은, 말하자면 누구든 쉽게 제빵 기술을 배울 수 있는 환경을 조성하여 인생에서 다시 한번 기회를 얻고자 하는 사람들을 끌어모았던 것이다. 그 외에도 빵집 주변에 가족들을 위한 주택과 보육시설, 건강관리 시설까지 세웠다. "우리는 브라우니를 굽기 위해 사람을 고용하는 게 아니라 사람을 고용하기 위해 브라우니를 굽습니다." 이것이 바로 매년 지속적으로 수익을 내면서 수많은 사람들에게 선한 영향력을 끼치고 있는 **그레이스톤 베이커리**의 신조다.

배리웨밀러 컴퍼니스와 그 회사의 최고경영자인 밥 채프먼[68]의 이야기는 『모든 사람이 소중하다』 Everybody Matters라는 그의 책을 통해 널리 알려지게 되었다. 그 회사는 100여 개 이상의 작은 회사들, 특히 소도시에 소재한 고도의 기술이 필요하지 않은 제조업 업체들을 인수하였다. 그런 업체들을 업체 직원들과 그 지역사회를 위한 풍요와 치유의 원천으로 활용하려는 목적 때문이었다. '담대한 인내'와 사랑으로 회사의 리더들이 나서서 지속적인 발전과 후대에 물려줄 의미 있는 창조적 활동 환경 구축이라는 독특한 문화에 대한 인식을 지역사람들과 직원들에게 불어넣었다고 한다. 이런 식의 접근방식이 많은 가정과 아이들의 삶의 방향에 얼마나 큰 변화를 가져다주었는지, 그 이야기가 이루 헤아릴 수 없을 정도다.

---

[68] **배리웨밀러 컴퍼니스**Barry-Wehmiller Companies는 1885년 설립된 세계 최고 수준의 제조설비 및 서비스 공급업체이며, 1957년 부친이 인수한 이 회사를 밥 채프먼Bob Chapman이 1975년에 물려받아 최고경영자가 되었다. 그가 2015년에 라젠드라 시소디어와 함께 펴낸 『모든 사람이 소중하다』를 통해 **배리웨밀러 컴퍼니스**의 경영목적이 세상에 알려지면서 인간에 대한 사랑과 지역사회에 공헌하는 그의 휴먼 리더십이 주목받았다.

기업이 "이건 비즈니스가 아니고 사람과 관련된 문제야"라는 신념을 믿고 그에 따라 행동하기 시작하면 실로 많은 변화가 일어날 수 있다. 물론 결정은 기업마다 서로 다르게 내릴 수 있다. 다른 대안의 성공공식이 있다면 그것을 실천에 옮기면 된다. 분명히 많은 사람들의 삶이 변화될 것이다―지금보다는 훨씬 더 나은 삶으로.

자, 여러분의 생각은 어떤가? 사업의 핵심 목적을 사람의 성장에 두는 것이 너무 **순진한** 생각일까? 그리고 **그레이스톤 베이커리**처럼 사업을 처음 시작할 때 그런 목적을 세우고 실행에 옮기는 것이 더 쉬운 것일까? 아니면 **배리웨밀러 컴퍼니스**와 같이 이미 운영 중인 회사나 여러분이 참여하고 있는 팀에도 적용 가능한 핵심 목적일까?

순진함으로 돌아가자

자기성찰의 질문에 답하기 ❼

자, 이제 자기성찰의 질문에 답해 봅시다. 아래 서술된 신념 가운데 여러분이 전적으로 혹은 부분적으로 공감하는 것 하나를 택하시면 됩니다. 아니면 이 장에서 논의된 주제와 관련하여 여러분 자신이 지닌 신념이 있다면 그것을 제시해도 됩니다. 이것은 어떤 한 신념이 다른 것보다 더 옳다고 여러분을 설득하려고 하는 것이 아니라, 여러분이 어떤 시각을 지니고 있는지 알아보는 과정입니다.

- 우리 회사에서는 직원의 성장이 그 어떤 것보다 중요하다.
- 사람을 사업의 핵심 목적으로 삼으면 일시적 해고와 같은 일을 시행하기가 어려워진다.
- 사람의 성장을 핵심 목적으로 삼되 구체적인 사업 모델은 달리 생각할 수 있다.
- 사람을 고용하고 성장시키기 위해서만 존재하는 기업은 사업을 제대로 할 수 없다.
- (여러분이 제시하는 또 다른 신념!)

위의 신념 중에 하나를 선택하셨습니까? 좋습니다. 그럼 이제, 앞에 나온 이야기와 여러분의 소중한 경험을 바탕으로 다음 질문에 답해 보시오.

이 신념은 어디서 배운 것인가?

_____
_____
_____

이 신념이 절대로 참된 것인가?

_____
_____
_____

이 신념을 유지하여 내가 얻는 것, 혹은 얻을 수 있는 것은 무엇인가?

_____
_____
_____

이 신념을 유지하여 내가 잃는 것, 혹은 잃게 될 것은 무엇인가?

_____
_____
_____

제12장

신뢰 거래:
'원하는 만큼 지불'하도록 하는 가격 정책에서 배워야 할 것은?

"좋습니다. 그런데 혹시 이 가격에 좀 더 잘해 주실 수는 없나요?"

보석가게 계산대 앞에 서면 이런 식으로 묻는 것이 당연한 일로 여겨진다. 대학생이었던 나는 돈이 별로 없었다. 그런데 지금까지 내가 구매한 가장 비싼 물건 중의 하나를 사려는 참이었다. 약혼반지였다.

여자 친구인 트리샤와 나는 사귄 지가 이미 여러 해가 지났고, 그동안에 나는 몇 차례 보석류의 물건을 사서 선물로 준 적이 있었다. 그런데 그럴 때마다 어느 보석가게를 가든 스티커나 진열장에 제시된 가격과 달리 실제 가격이 얼마인지 가늠하는 것은 거의 불가능한 일이었다. 때로는 할인을 많이 받을 수 있을 것 같기도 하고, 또 어떤 때는 절대 협상 불가능한 가격이 아닌가 싶을 때도 있었다.

세월이 지난 뒤 처음으로 자동차를 구입할 때 나는 보석가게에서의 협상 게임은 별것 아니라는 것을 알게 되었다. 자동차를 구입하는데 '뒤쪽 사무실에 있는 매니저에게 은밀한 메시지가 오고 가거나, 돈을 더 내면 구입 후 유지보

수와 설비확장도 해 주겠다는 끝없는 유혹 끝에 자동차가 전달되는 과정이 정말 끔찍하고 싫었던 것이다.

요즘은 이런 식의 협상을 잘하는 사람들이 있는데, 우리 아버지가 그런 사람이다. 아버지는 월마트에서 직원 가운데 누군가가 당신 말에 귀를 기울여준다 싶으면 화장지 가격도 흥정하곤 했다고 한다. 하지만 나나 내가 아는 대부분의 사람들은 어떤 물건의 가격을 흥정하는 것이 여간 불편한 일이 아니며, 잘못하면 판매자와 얼굴 붉히는 일만 생긴다고 생각한다.

최근 몇 년 사이에 자동차 판매업자를 포함하여 몇몇 회사들이 가격 투명성을 높이고 번거로움 없이 구매할 수 있는 정책을 시행하기 시작했다. 그중에서 가장 흥미로운 실험들이 '원하는 만큼 지불하는' 가격정책이라는 틀에서 이루어지고 있다. 이런 가격정책은 판매자와 구매자를 구분하기보다는 최종가격을 부분적으로, 혹은 전체적으로 구매자의 손에 맡기는 일이다.

가격 투명성과
그 이상의 방식

우리가 운영하는 컨설팅 회사인 **이코닉**에서 고객인 파트너 회사들에게 제시하는 컨설팅 가격의 투명성을 어떻게 높일 수 있는지, 그 방안을 검토하고 있을 때였다. 한 친구가 어느 컨설팅 회사의 예를 봤는데 정말 감탄했다며 나에게 웹사이트 주소를 보내주었다. 그 회사의 웹사이트에서 가격비율이 나와 있는 부분을 하나하나 검색하던 중에 내 가슴이 마구 뛰기 시작했다.

제일 먼저 내 눈을 사로잡은 것은 그 회사가 제시한 세 개의 서로 다른 가격 비율이었다.

연대 요금률　　트레이너 1명의 시간당 컨설팅 가격: 75-175달러
전체비용 요금률　트레이너 1명의 시간당 컨설팅 가격: 175-275달러
재분배 요금률　트레이너 1명의 시간당 컨설팅 가격: 275-400+달러

AORTA라는 그 회사는 자기네는 가격을 세분해서 제시한다며 이렇게 말한다. "우리가 이렇게 하는 것은 대학, 비영리기관, 협동조합, 지역사회의 풀뿌리 조직 등 우리와 함께 일하는 조직들 사이에 자원을 공평하게 분배하기 위한 계획된 노력에서 비롯된 것입니다."

AORTA는 사실은 상위의 요금률에 따라 대가를 지불할 수 있는 기업들이 그 금액의 일부를 '재분배'하여 자기네가 거의 아무런 비용도 들이지 않고 풀뿌리 조직들과 함께 일할 수 있게 해 주고 있는 것이라며 고맙게 생각한다고 하였다. 대부분의 기업들 역시 충분한 수익을 내면 자선활동에 기부하거나 공적 차원의 무료 서비스를 제공할 수가 있다. 그러나 나는 이 AORTA의 사례를 알기 전까지는 그렇게 투명하게 누군가에게 돈을 되돌려주고, 자금을 댄 고객 파트너들에게 어떻게 그들이 그 돈을 지원하고 있는지를 보여주는 조직을 본 적이 없다.

그 컨설팅 회사의 웹페이지를 살펴보던 중 두 번째로 눈에 띄는 게 있었다. 회사가 벌어들이는 돈을 어떤 명목으로 사용하는지를 세분화하여 아주 투명

하게 보여주고 있다는 사실이었다. 예를 들어, 하루 트레이닝의 경우 전체 요금의 몇 퍼센트가 직원 급여 및 혜택, 독립 계약자, 운영비 등으로 사용되는지를 다 밝히고 있는 것이다. 이런 수준의 투명성을 제시하면서 더 작은 조직들을 도와주자며 큰 조직들을 초대하는 이와 같은 경영방식이 바로 그들 고객과의 신뢰와 공동체의식을 구축하고 공공선을 이루는 것임을 나는 확인할 수 있었다.

'원하는 만큼 지불하는' 가격정책이 전문 서비스 영역에서만 이루어지는 실험은 아니다. 사실 이런 정책은 소비자 시장에서 더 흔하게 찾아볼 수 있다. 그 가운데서 가장 성공적인 적용 예는 AORTA에서 행하고 있는 방식을 반영한 경우다. 바로 투명성을 제시하면서 소비자들에게 그들이 어떻게 더 큰 공적 차원의 지원을 할 수 있는지 고려하게 만드는 방식이다.

할인된 물품에 제한된 방식의 '원하는 만큼 지불하는' 가격정책을 실시하는 온라인 소매업체인 **에버레인**이 그런 경우에 속한다. 일부 품목에 대해 세 개의 서로 다른 가격이 제시되어 있다. 가장 낮은 가격 위에는 이런 글이 붙어 있다.
"**에버레인**에는 0달러. 이 가격은 생산비와 운송비만 적용된 가격입니다."
중간 가격에는 물품의 실제 가격에 따라 조금씩 차이가 나긴 하지만 1달러 정도 더 붙인 가격이라며 이런 글귀가 적혀 있다.
"이 가격은 생산비와 운송비, 그리고 우리 팀 70명의 간접비를 포함한 가격입니다."
마지막으로 가장 높은 가격의 물품에는 1달러 이상이 "**에버레인**에 돌아가는 금액"이라며, 덧붙여 이런 메시지가 붙어 있다.

"이 가격은 생산비, 운송비, 우리 팀, 그리고 우리가 더 많이 성장하도록 도와주는 가격입니다. 감사합니다!"

여러분은 어떤 가격에 물품을 구입하겠는가?

추가 연구

독일에서 수행된 한 연구에서 밝혀진 것이 있다. 그것은 조리된 음식을 파는 상점이나 커피숍의 고객들은 '원하는 만큼 지불하는' 선택권이 주어질 때 평균적으로 더 높은 가격을 지불한다는 사실이다. 또한 그런 고객들은 그런 제도가 공정한 가치 교환이라고 느끼면서 더 큰 만족을 느낀다고 한다.

반면에 같은 연구에서 밝혀진 것은, 영화관에서 똑같은 선택이 주어졌을 때는 관람객들이 낮은 가격을 지불하는 것으로 나타났다는 사실이다. 어디서 그런 차이가 나타나는 것일까? 분석에 따르면, 고객과 식품 상점이나 커피숍 주인과의 관계나 그 주인들이 표방하는 공공의 가치가 그런 차이를 가져온다는 것이다.

이런 결과는 오스트리아 빈에 있는 **데어 위너 디원**이라는 식당이 15년 넘게 '원하는 만큼 지불하는' 제도를 실행하면서 겪은 경험에서 여실히 나타난다. 파키스탄 음식을 무한리필로 제공하는 이 식당은 개업 초부터 그 제도를 시행해왔는데, 주인인 나탈리 디원은 이렇게 말한다. "우리가 신뢰를 주면, 그게 반드시 되돌아옵니다. 우리는 사람들이 스스로 생각할 수 있는 능력이 있다고 믿습니다. 만일 그들이 최소한의 공정한 가격을 지불하지 않아 우리 식당이 문을 닫는다면, 어디서 그렇게 저렴한 가격에 좋은 음식을 먹을 수 있겠습니까? 우리 손님들이 바로 우리 공동체인 것이죠."

레스토랑 체인인 **파네라**는 그들이 운영하는 **파네라 케어스 커뮤니티 카페**에서 거의 10년 가까이 '원하는 만큼 지불하는' 가격제도를 시행했었다. 2010년대에 몇몇 지역에 문을 연 이 비영리 레스토랑은 서비스를 재분배하기 위해 중산층 소비자에게 음식값을 조금 더 낼 수 있는 선택권을 주어 가난한 사람들에게 저렴한 가격이나 무료로 음식을 제공하였다. 그런데 이런 방식이 지속적으로 잘 운영되지 못했는데, 그 이유는 '원하는 만큼 지불하는' 방식이라는 개념의 문제가 아니라 잘못된 운영설계, 브랜드 혼란, 그리고 실행과정의 여러 문제점들 때문이었다.

그래도 작은 규모에서 **파네라**와 같은 방식으로 운영하는 카페들이 아직도 있는데, 캘리포니아에 있는 **카르마 키친**과 **파네라**의 운영방식에 처음 영감을 주었다는 덴버에 있는 **SAME 카페**가 그런 곳이다.

여러분의 생각은 어떤가? 과연 우리가 소비자에게 그들이 원하는 만큼 지불하도록 기회를 주는 게 옳을까? 너무 혼란스러워 제대로 시행할 수 없지 않을까? 세상에는 이기적인 사람이 너무 많은데 과연 잘 될까? 아니면 어느 정도의 신뢰와 공동체 의식, 그리고 진정성을 지니고 있으면 그런 제도가 사업도 성장시키고 사회에 대한 선한 영향력도 증대시키지 않을까?

순진함으로 돌아가자

자기성찰의 질문에 답하기 ❽

자, 이제 자기성찰의 질문에 답해 봅시다. 늘 하던 방식대로 아래 서술된 신념 가운데 여러분이 전적으로 혹은 부분적으로 공감하는 것 하나를 택하시면 됩니다. 아니면 이 장에서 논의된 주제와 관련하여 여러분 자신이 지닌 신념이 있다면 그것을 제시해도 됩니다.

- 만일 소비자에게 원하는 만큼 지불하도록 하면 결국엔 그들에게 이용당하는 꼴이 된다.
- 신뢰를 주면 반드시 그 보답이 돌아온다—심지어 가격을 정하는 경우도 마찬가지다.
- 가격이나 비용의 투명성이 이득이 될 수 있다.
- (여러분이 제시하는 또 다른 신념!)

위의 신념 중에 하나를 선택하셨습니까? 좋습니다. 그럼 이제, 앞에 나온 이야기와 여러분의 소중한 경험을 바탕으로 다음 질문에 답해 보시오.

이 신념은 어디서 배운 것인가?

_____
_____
_____
_____

이 신념이 절대로 참된 것인가?

_____
_____
_____
_____

이 신념을 유지하여 내가 얻는 것, 혹은 얻을 수 있는 것은 무엇인가?

_____
_____
_____
_____

이 신념을 유지하여 내가 잃는 것, 혹은 잃게 될 것은 무엇인가?

_____
_____
_____
_____

제13장

자신만의 뜻을 품어라: 성장을 위한 성장에 도전하기

"푸릇푸릇 계속 성장하든지, 아니면 누렇게 시들어 죽든지, 둘 중 하나입니다."

대회의실에 있는 몇몇 임원들이 내 말에 고개를 끄덕였다. 나는 좀 더 압박을 가했다.

"정말 그렇지 않습니까?"

전국적으로 잘 알려진 엔지니어링 회사의 현대식의 안락한 대회의실에 긴장감이 점점 더 고조되었다. 나는 회의실 두 벽 전체가 거의 유리로 되어있는 것이 정말 고마웠다. 첫째는, 외부 창으로 들어온 햇빛이 다시 유리벽을 통해 회의실 안까지 들어와 어두운 분위기를 밝게 해 주었기 때문이었다. 그리고 둘째는, 유리벽 바로 밖이 로비여서 분주히 지나다니는 사람들이 회의실 안을 다 들여다볼 수 있기 때문이었다. 만일 다른 사람들이 보고 있다고 하면 누구든 냉정하고 침착한 자세를 유지하기 마련 아닌가. 나는 힘을 주어 조금 더 밀어붙였다.

"여러분은 지난 12년 동안의 지속적인 성장을 굉장히 자랑스러워하실 겁니다. 그런데 제가 여러분에게 생각해 보라고 묻고 싶은 것은 이겁니다. 앞으로도 그것만으로 충분할까요? 여러분 회사가 현재 진행되는 대로 성장하면 10년 후에 매출 10억 달러를 달성할 수 있을 겁니다. 저도 그렇게 생각합니다. 그러나 한 가지만 더 깊이 생각해 보십시오. 왜? 대체 왜 계속 성장해야 하는 걸까? 바로 이겁니다."

사실 사업하는 사람에게 '사업을 성장시키고 싶은가? 그렇다면 그 이유는?' 하고 묻는 것은 가장 바보같은, **순진한** 질문일 수 있다.

사업을 성장시키고 싶은 이유는 수만 가지나 될 것이다. 그리고 그 이유들 대부분이 다 논리적으로 이해할 수 있는 것들이기도 하다. 우선, 상장회사나 외부의 자본을 끌어온 회사들은 일반적으로 주주배당을 계속 늘리고, 가능하면 최대로 끌어올려야 하는 책임이 있다. 그러기 위해서는 전통적인 방식의 성장을 해야 한다(매출, 수익, 규모 등등). 매출, 시장점유율, 수익 등이 감소하거나 정체되면 투자자들은 불안해지고, 그 결과 회사는 악순환 고리에 빠져들 염려가 있기 때문이다.

때로는 성공한 기업이라 하더라도 성장의 압박을 받는다. **경쟁기업들**(그들의 도전을 막아내려면 성장해야 해), **공급업체들**(너희 기업이 성장해야 우리도 성장하지), **소비자들**(당신네 서비스나 제품이 좋으니 계속 제공해 주쇼!), 혹은 **가족/친구들/동료들**(사회도 그렇고 나도 그렇고, 크면 클수록 더 좋으니까)이 알게 모르게 성장의 압박을 가하는 것이다.

그런 연유로 기업의 리더들은 다른 생각을 갖기가 어렵다. 성장을 자제하는 것이 더 좋을 수 있다는 사실을 고려하지 않는다. 적어도 의도적으로라도 잠시 멈춰 서서 왜 성장이 그렇게 중요한 것인지 생각해야 하는데 그러질 못하는 것이다.

다시 대회의실로
돌아가 보자

임원진들이 내가 바라는 대로 자극을 좀 받은 모양이었다.

"계속 규모가 커지면서 직원들에게 성장이 그들에게도 좋은 것이라고 설득하는데 점점 더 많은 에너지를 쏟아야 합니다."

대화의 주제가 바뀌어 사업을 하는 이유가 무엇인지를 논의하기 시작했다. 공동체에 기여해 온 이야기, 직원들을 전문분야에서나 개인의 삶에서 잘 성장할 수 있게 한 프로젝트에 관한 이야기, 큰 금액을 자선활동에 기부한 이야기 등 온갖 이야기들이 나왔다. 그런 이야기들의 핵심에는 회사가 그 무엇보다 직원들을 위해 존재한다는 사실이 담겨 있었다. 그렇다면 그런 동기에 저해가 되는 전통적인 성공방정식이 있다면 그것에 의문을 표하는 것이 옳다. 성장을 위한 성장은 받아들일 수 없는 것이다. 그래서 그 임원들은 회사의 규모를 어디까지 키워야 하는지, 그 문제까지 논의하기 시작했다.

현재 이 엔지니어링 회사에는 약 2천 명의 직원이 있다. 그리고 이 회사는 직원들이 자사주를 구입하고 의사결정에도 참여할 수 있는 회사이다. 따라서 회사는 자사주를 소유하고 있는 직원들에게 충분히 배당해야 하는 동기를 지니고 있다. 당연히 이익추구의 기업일 수밖에 없다. 그러나 이 회사를 포함해서 점점 더 많은 회사들이 '그냥 성장해야 해'라는 식의 지배적인 전제에 도전할 수 있다는 인식을 하고 있다.

제2장에서 다룬 이본의 이야기를 떠올려보자. 그는 **파타고니아**가 계속 살아남으려면 수익을 내야 한다는 사실을 알고 있었다. 그러나 수익을 내는 것이 그 회사의 최우선순위 목적은 아니었다.
이본은 이렇게 말했다.
"성장과 확대가 우리 회사의 기본 가치는 아닙니다."
때로 그들은 성장을 통제하기까지 했다. 성장이 그들의 핵심 목적과 신념에 배치되기 때문이었다.

저술가이자 저널리스트인 보 벌링엄[69]은 **파타고니아**와 같은 회사들에게 "작은 거인들"이라는 이름을 붙여주었다. 좋은 연구 결과를 담아낸 『작은 거인들』 Small Giants[70]이라는 책에서 놀라운 또 다른 목적을 성취하기 위해 필요하다면 기꺼이 매출이나 확장 성장을 포기했던 회사들의 이야기와 그를 통해 배울 수 있는 교훈을 들려준다. 만일 그런 회사들이 성장했다면, 그것은 단순히 수익

---

[69] **보 벌링엄**Bo Burlingham : 미국의 저명 경제잡지인 『인크』Inc.의 전 편집장으로 『포브스』Forbes를 비롯한 많은 잡지와 매체에 기자와 기고자로 활동하고 있는 경영사상가. 직원들에게 기업의 재정 상태나 경영정보를 제공하여 경영자와 같은 주인의식을 갖도록 한다는 일종의 정보공유경영을 뜻하는 **오픈북 경영**open-book management이라는 개념을 소개한 공저인 『드림 컴퍼니』Dream Company와 베스트셀러가 된 『작은 거인들』이 대표 저서임. 특히 『작은 거인들』의 인기에 힘입어 회사 규모와 상관없이 위대한 기업을 추구하는 기업 리더들이 서로의 경영방식과 시스템을 공유하는 **작은 거인들 공동체**Small Giants Community를 시작한 것으로도 유명함.
[70] 우리나라에는 『스몰 자이언츠가 온다』라는 제목으로 번역 출간됨.

을 위해서라기보다는 직원들과 사업을 위한 새로운 가능성을 모색하는 일과 더 관련이 있었다. 성장은 (때로는) 회사가 추구하는 진정한 목적을 추구하는 과정에서 생긴 자연적인 부산물일 뿐이었다. 여기서는 두 가지 사례를 소개하기로 한다.

| 미시건 주 앤아버의 징거맨 Zingerman **사업 공동체 |** 미국 전역에서 유명해진 '너무 커서 두 손으로 잡아야 하는' 샌드위치를 파는 요식업체를 설립한 이후, **징거맨** 창업자들은 사업 프랜차이즈에 관한 아이디어나 다른 지역에도 매장을 열자는 요구를 계속 귀가 따갑도록 들어왔다고 한다. 그런 외부의 압력 외에도 내부적으로 잠재능력을 지닌 직원들이 새로운 도전을 원했다. 그래서 2년 동안 창업자들은 과연 회사의 성장이 무슨 의미일까 고심하다가 결국엔 다른 접근방식을 생각하게 되었다.

그들은 앤아버 지역에 서로 다른 상품을 제공하고 나름의 독특한 정체성을 지닌 작은 사업체들을 모아 사업군을 형성하였다. 모든 사업체가 **징거맨**의 고객들에게 제공하는 상품의 질을 높이고 회사 전체의 실적을 향상시키는 방향으로 설계되었다. 그래서 이제는 빵집, 델리카트슨, 한국식당, 캔디 상점, 트레이닝 회사, 행사 케이터링 회사, 농장, 우편주문 사업 등등 많은 업체를 거느리게 되었다. 그렇게 해서 형성된 **징거맨 공동체**는 놀라운 서비스, 오픈 북 경영과 재정, 다양성 및 지속가능성 등 여러 부문에서 자주 다른 사업체들이 벤치마킹하는 공동체가 되었다.

│유니언 스퀘어 호스피탈리티 그룹USHG: Union Square Hospitality Group**│** 요식업과 서비스업에 대한 대니얼 마이어[71]의 접근방식이 많은 이들에게 영감을 준다는 것은 많은 책을 통해 널리 알려져 있다. 28번이나 제임스 비어드 상[72]을 수상하고, 뉴욕시 레스토랑 가운데 저갯 서베이[73]로부터 수차례 1등 상을 받고, 햄버거와 쉐이크를 판매하는 캐주얼 다이닝 브랜드인 **쉐이크쉑**의 성공적인 출발과 특화된 부문을 독립 사업체로 분리하는 독특한 경영전략 등에서 알 수 있듯이, USHG에 대해서는 칭찬할 거리가 한둘이 아니다. 성장에 관한 시각과 관련해서 볼 때, 대니얼은 처음부터 많은 수상경력과 함께 급속도로 성장하는 레스토랑들의 운영방침을 사람들의 예상을 깨는 방향으로 이끌어갔다. 심지어 초기에 그는 '5분 규칙'이라는 것을 내세웠다. 그가 관여하는 레스토랑이나 프로젝트는 유니언 스퀘어에 있는 자기 집에서 걸어서 5분 거리에 있거나 그 안에서 실시해야 한다는 것이었다. 그래야 자신이 더 관심을 갖고 일에 집중할 수 있다는 의도였다. 그것이 바로 그가 운영하는 레스토랑의 영혼이랄 수 있는 음식과 서비스 경험이었다.

그러다 서서히, 그리고 또 다른 뜻에서, 그 그룹은 종업원들의 성장을 위한 플랫폼을 제공하기 위해 새로운 레스토랑 개념을 시도하였다. 지난 10년에 걸쳐 대니얼 마이어는 성장에 관한 자신의 시각을 바꾸어왔지만 성장을 위

---

71 **대니얼 마이어**Daniel Meyer, 1958-: 1985년에 첫 레스토랑인 **유니언 스퀘어 카페**를 시작한 이후 많은 식당과 호텔, 케이터링 서비스 업체들을 운영하고 있는 뉴욕시의 레스토랑 경영자이자 **유니언 스퀘어 호스피탈리티 그룹**의 창립자이자 회장.
72 **제임스 비어드 상**James Beard Award은 제임스 비어드 재단에서 미국 내의 셰프, 레스토랑 경영자, 저술가나 저널리스트 등을 대상으로 매년 수상하는 상을 말한다.
73 **저갯 서베이**Zagat Survey는 1979년에 뉴욕시의 레스토랑을 평가하는 설문조사 업체로 출발하여 지금은 전 세계적인 레스토랑 안내서가 됨.

한 성장에 대한 부정적인 태도는 바꾸지 않았다. 그는 이렇게 말한다. "합리적으로 속도를 잘 조절한 성장이 우리 문화를 향상하는 데 필수적인 요소라는 것을 알게 되었습니다. 문화는 계속 성장해야하기 때문입니다. 가장 최악의 선택은 기존의 문화를 계속 고집하는 것이죠."

자신의 책인 『강한 기업은 어떻게 무너지는가』How the Mighty Fall에서 짐 콜린스[74]는 일부 성공한 기업들이 빠져들게 되는 단계, 즉 "무분별한 성장 추구"라고 부르는 단계에 관해 언급하면서 이렇게 말한다.

"거대하다고 위대한 것은 아니며, 위대하다고 거대한 것은 아닙니다."

성장의 결정요인인 매출과 규모에 사로잡히기보다는 뛰어난 기업이 되겠다는 것에 초점을 맞추는 것이 "올바른 성장"이라는 것이 그의 생각이다. 이미 성공을 거둔 기업이 자기만족에 빠지거나 변화에 대해 저항한다면 그 기업이 위험에 처할 수 있는데도 불구하고 많은 강한 기업들이 종국에는 지나칠 정도로 규모를 키워야 한다는 유혹에서 벗어나지 못한다는 것이 콜린스가 그의 책에서 중점적으로 지적한 부분이다.

---

[74] **짐 콜린스**Jim Collins: 경영관리, 기업의 지속가능성 및 성장 분야를 중점적으로 다루는 경영 컨설턴트이자 저술가. 스탠퍼드 대학 졸업 후 **맥킨지**에서 근무하다 다시 학교로 돌아가 스탠퍼드 경영대학원을 졸업하였으며, 이후엔 그 경영대학원에서 연구와 강의도 함. 대표 저서로 우리나라에도 번역 소개된 『성공하는 기업들의 8가지 습관』Built to Last, 『좋은 기업을 넘어 위대한 기업으로』Good to Great, 『위대한 기업의 선택』Great by Choice 등이 있음.

사공이 많으면
배가 산으로 간다

〰️

에릭은 사업을 다시 시작하면서 마음이 그리 편치 않았다.

에릭은 자신의 파트너와 함께 10년 넘게 성장시켰던 경영설계 컨설턴트 회사인 **엑스플레인**XPLANE이 '성장병'에 걸려 위험에 처했을 때 그 브랜드와 지적재산을 규모가 큰 기업에 매각했다가 다시 사들였던 것이다.

"우리는 8년 동안 복합연간성장률이 40퍼센트에 달할 만큼 급속도로 성장해 왔었지요. 그런데 사람이 중요한 사업이다 보니 자연히 자기자본요건이 우리의 수익을 넘어서게 되면서 더 이상 회사를 유지할 수가 없었습니다."

에릭과 그의 파트너들이 새로운 투자자를 끌어들일 때마다 성장하라는 압박이 점점 커지기 시작했고, 그러면 에릭은 외부의 자본을 더 찾아내야 했다. 나중에 우리와 인터뷰하는 중에 그는 그때 일을 회상하며 악순환 고리에 걸려들었다고 하면서 이렇게 말했다.

"운전대를 한 손으로 잡고 있는데 다른 여러 손들이 그 운전대를 끌어당기고 있었던 셈입니다."

외부 자본의 필요성으로 인해 결국엔 그 회사를 더 큰 규모의 기업에 매각하는 쪽으로 결론이 났다. 그런데 인수하는 기업에서 인수 전략에 따라 **엑스플레인**과 같은 몇몇 에이전시들도 같이 사들였다. 그로부터 반년이 지난 뒤 인수한 모기업에서 전문적인 서비스업은 더 이상 하지 않기로 결정을 내렸다. 그 바람에 에릭은 직원들 대부분을 일시 해고해야 하는 딱한 처지에 놓이게 되었다. 이런 상황에서 결국 에릭과 그의 파트너들은 자신의 옛 회사인 **엑스플레인**을 다시 사들이기로 했다. 그렇게 해서 **엑스플레인**을 재출발시킨 에릭은 사업을 하는 '이유'에 대해 많은 생각을 하게 되었다. 그리고 예전처럼 '성장'의 길을 추구하기보다는 대신 '선한 영향력'의 길을 추구하기로 결심하게 되었다. **엑스플레인**을 다시 사들이고 8년이 지난 현재, 에릭과 그의 팀은 '조직 내의 사람들을 통해 긍정적인 변화를 가속화'하는 노력을 활발히 진행 중이다.

만일 여러분이 어느 조직의 리더이든 사업체를 소유한 사람이든 간에 여러분 걸어갈 길을 그려보고 싶다면, 어떻게 성장할 것인지, 그리고 성장 이후엔 어떻게 할 것인지를 계획하고 나름의 뜻을 확고히 세우는 것이 아주 중요하다. 그렇게 하지 않으면 여러분은 성장의 길을 선택하라고 압박하는 소비자, 투자자, 공급업자, 경쟁자의 노예로 전락하게 된다.

여러분의 회사보다 더 큰 기업들, 더 많은 선한 영향력을 행사하는 기업들이 있기 마련이다. 혹은 여러분의 손길이 닿지 않는 곳에 또 다른 기회의 시장이 있을 것이다. 따라서 스스로가 통제권을 쥐고 왜 사업을 하는지, 자기만의 뜻을 세워야 한다. 사업을 하든 어느 부서에 있든, 아니면 어떤 일을 실천에 옮기든 왜 계속 성장하고 싶은지, 아니면 왜 이젠 성장을 멈추고 싶은지 깊게 고민해야 한다.

자, 그렇다면 '지속적인 성장' 이외의 다른 선택이 있다고 생각하는 것이 과연 **순진한** 생각일까?

순진함으로 돌아가자

자기성찰의 질문에 답하기 ❾

좋습니다. 이제 자기성찰의 질문을 통해 생각하는 시간을 갖도록 합시다. 아래 신념 가운데 여러분이 생각하는 것이 있다면 무엇인가요? 기존의 신념을 새로운 신념으로 바꾼다면 무엇을 얻을 수 있을까요? 아니면 잃을 것은 무엇일까요?

- 지속적으로 성장하지 않더라고 사업을 성공시키는 것이 가능하다.
- 푸릇푸릇 성장하든지, 아니면 누렇게 시들어 죽는지, 둘 중 하나다.
- 매출과 시장점유율을 키우는 것보다 더 중요한 또 다른 목표들이 있다.
- 사업은 크게 키우면 키울수록 더 좋다.
- 전통적인 사업 성장에 '노'라고 말하는 경우를 찾아보기 힘들다.
- (여러분이 제시하는 또 다른 신념!)

위의 신념 중에 하나를 선택하셨습니까? 좋습니다. 그럼 이제, 앞에 나온 이야기와 여러분의 소중한 경험을 바탕으로 다음 질문에 답해 보시오.

이 신념은 어디서 배운 것인가?

_____
_____
_____

이 신념이 절대로 참된 것인가?

_____
_____
_____

이 신념을 유지하여 내가 얻는 것, 혹은 얻을 수 있는 것은 무엇인가?

_____
_____
_____

이 신념을 유지하여 내가 잃는 것, 혹은 잃게 될 것은 무엇인가?

_____
_____
_____

제14장

사람 우선: 회사의 성장보다 직원의 성장을 앞세우자

"그녀가 얼마나 많은 노력을 기울였는지, 믿을 수 있겠죠?"

내가 말했다.

"그러게요. 이제 우리가 결정을 내려야겠군요."

브라이언이 대답했다.

공동창업자인 브라이언과 나는 무슨 마술을 보는 것 같았다. 우리는 채용우선순위에 있는 그녀에게 능력도 보여줄 겸 우리 두 사람에게 디자인 사고에 중점을 둔 짧은 워크숍을 한번 해 보라고 했었다. 그녀가 내보인 상호작용 컴퓨터 프로그램을 보고 나는 손을 떼지 못하고 계속 손가락을 움직여가며 화면 위아래를 살펴보았다. 스티커 메모는 또 얼마나 많은지. 놀라지 않을 수 없었다. 우리 고객들 역시 감탄할 것이라 확신했다.

브라이언과 나는 1년 반 전에 작은 컨설팅 회사를 세우고 난 뒤 처음으로 정규직 컨설턴트를 채용하기로 했다. 그때까지만 해도 우리 회사에는 두세 명의 직원, 그리고 고객들에게 제공하는 혁신 및 문화 프로젝트를 계속 도와주는 계약자들이 있었을 뿐이었다. 그런데 우리는 약진의 발판을 삼자고 그다음 채용계획을 세웠다. 정규직에다 나나 공동창업자인 브라이언이 받는 급여보다 더 많은 급여를 보장하는 시니어 컨설턴트를 뽑기로 한 것이다.

결과적으로 그 워크숍에서 마술사처럼 놀라운 프로그램을 선보인 니콜이 우리의 혼을 빼놓았고, 우리는 그녀에게 그 자리를 제안했다. 우리 팀에 들어온 그녀는 회사의 문화와 업무 결과 향상에 크게 기여하였고, 우리 회사는 계속 성장할 수 있었다.

그런데 그녀가 떠나고 말았다—입사한 지 불과 8개월밖에 지나지 않았는데.

정말 난감했다. 그래도 그녀와 같이 일하는 동안 정말 더없이 행복했었는데.

나는 지난 20여 년에 걸쳐 리더십과 기업문화의 변혁과 관련하여 여러 기업들을 도와주는 일을 하면서 어느 기업이든 관리자들이 '면담 요청'을 받는 것이 너무도 흔한 일이라는 것을 알게 되었다. 예를 들어 설명해 보겠다.

뛰어난 직원이 관리자에게 이런 식으로 면담을 신청한다.

"커피나 한잔하든지 아니면 언제 점심을 같이했으면 합니다… 긴히 드릴 말씀이 있어서요."

그렇게 해서 만나 불편한 분위기가 이어지는 가운데 그 직원은 현재 업무를 좋아하긴 하지만 다른 회사에서 일하기로 했다는 말을 한다. 상사인 관리자 때문이 아니라 그 회사에서 제안한 일을 뿌리칠 수 없다는 것이다. 그렇게 해서 이직 계획이 시작되고, 그 직원은 떠날 준비를 한다. 그러면 관리자는 그 직원을 잘 알기에 충격을 받거나 반대로 안도감을 느끼기도 한다.

지난 15년 동안 나는 여러 팀을 이끌었고, 직속보고도 많이 받아봤다. 그러나 내 기억으로는 그런 '면담 요청'을 받아본 적이 없는 것 같다. 심지어 지난 몇 년 동안의 대규모 퇴직과 직무이동의 시기에도 "면담을 요청합니다"라는 식의 이메일을 받아본 적이 없다. 물론 그렇다고 해서 팀원들 중에 회사 내의 다른 업무를 하고 싶거나 다른 회사로 이직한 사람이 하나도 없다는 뜻은 아니다. 다만 그런 경우에 나는 항상 그 사람의 선택을 존중해서 함께 논의하며 문제를 해결하곤 했다. 니콜도 예외는 아니었다.

우리와 함께 일한지 몇 개월이 지났을까, 니콜이 예전에 자신의 리더로 있다가 **스포티파이**[75]로 이직한 뒤 런던에서 새 팀을 이끌고 있는 사람의 연락을 받았다는 사실을 털어놓았다. 그러면서 그곳이 자신이 꿈꾸던 직장이고 근무지가 런던인 것도 마음에 든다며 인터뷰에 응해도 되는지, 내 생각을 물었다. 이 기회가 그녀의 꿈과 목표를 이루는 데 도움이 될 것인지, 그 문제를 중심으로 우리의 대화가 이어졌다. 결과적으로 그녀는 인터뷰를 했다. 그리고 몇 주가 지난 뒤, 니콜이 장차 팀원이 될 사람들과의 면담을 위해 유럽에 소재한 **스포티파이** 지점 몇 군데를 방문하는 일정이 잡혔다고 말했다. 남편과 함께 초대를 받았다는 것이었다.

그렇게 해서 니콜이 휴가를 내고 유럽으로 떠나 일정을 소화하면서 자신이나 자기 가족이 과연 잘 해낼 수 있는지 살펴보는 동안, 우리는 그녀가 우리 회사에서 하던 업무를 어떻게 할 것인지 방안을 찾아야 했다.

한편 니콜은 유럽 여행 도중에 런던에서 나에게 전화했고, 우리는 **스포티파이**가 제시한 업무 제안과 관련해서 같이 진지하게 논의하기 시작했다. 물론 그녀가

---

[75] **스포티파이** Sportify는 2006년 스웨덴에서 설립된 세계 최대의 음원 스트리밍 플랫폼 및 미디어 서비스 제공 기업이다.

현재 **이코닉**에서 하고 있는 업무에 견주어 어떤 식으로 협상할 것인지, 그런 것에 관해 논의한 것이 아니었다. 오히려 그들이 제안한 업무에 그녀가 어떻게 접근할 것인지, 급여요건은 어떤지, 이주비용은 어떻게 할 것인지 등등을 더 깊이 생각하고 논의하는 일종의 코칭 전화 면담이었다.

마침내 그녀는 그 제안을 받아들였고, 지금까지 **스포티파이**에서 아주 훌륭하게 자신의 경력을 쌓고 있다. 그런데 우리가 그녀의 후임자를 찾기 위해 급하게 서둘렀을까? 안 그랬다고 부인할 수는 없지만, 그래도 그녀가 떠나기 훨씬 전부터 우리는 이미 그녀의 이직을 예상할 수 있었기에 크게 문제는 안 되었다. 그리고 서로 배려하고 신뢰를 쌓았기 때문에 니콜은 '공식적으로' 마지막 근무를 한 날 이후에도 일부 프로젝트의 경우 계속해서 우리를 돕고 있다.

니콜이 우리와 함께 일한 8개월 동안 우리 회사는 더 좋아졌고, 그녀가 퇴사한 이후에도 그녀 덕분에 더 좋은 회사로 발전했다. 니콜이 직접 소개하고 추천한 사람들이 우리 **이코닉**에 합류하기도 했다. 그리고 니콜과 관련된 이야기, 그녀가 **스포티파이**에서 능력을 한껏 발휘하고 있다는 이야기가 어느 정도 우리 회사 문화의 전통처럼 자리 잡게 되었다. 그래서 다른 직원들도 자신에게 또 다른 기회가 생겼을 때 나나 우리 팀의 다른 리더들과 신뢰를 바탕으로 건설적인 대화를 안심하고 나눌 수 있다는 생각을 갖게 된 것이다.

사업목표는 중요하다. 그리고 우리 팀에 합류하기로 선택한 사람들의 성장 또한 중요하다. 순진한 마음에서 그랬겠지만 나는 많은 경우 사업목표는 뒤로 미루고 팀원들을 배려하고 성장하도록 도와주는 일을 더 우선시했다. 많은 조직들이 구성원들에 대한 배려와 그들의 성장을 중요하게 생각한다. 그 이유는 그것이 사업목표를 달성하는 현명한 접근방식이라는 것을 알고 있기 때문이다. 당연히 나는 그런 조직에 박수를 보낸다. 종종 재정상의 이익을 추구하는 과정에서 사람을 최대한 활용해야 하는 자원으로, 심지어 착취의 대상인 것처럼 대하는 회사들에 비하면 얼마나 훌륭한 조직인가.

그러나 나는 사람의 성장을 수익추구 목적을 달성하는 **수단**으로 간주하는 것에는 반대한다. 그렇다면 주변 사람들에 대한 배려와 그들의 성장을 사업의 목적으로 삼으면 어떨까? 물론 그렇다고 사업의 목적이나 재정상의 목표를 완전히 저버리라는 의미는 아니다. 그런 것이 여전히 좋은 목적이고 목표일 수 있으며, 수익을 내는 사업을 경영하는 것이 종업원, 소비자, 공동체, 그리고 지구를 배려하고 성장시킬 수 있는 더 많은 기회를 **창출하는 데** 필요하다.

하지만, 다시 한번 말하지만, 사업목표보다 사람을 우선순위에 둔다면 어떨까? 이 문제를 어느 엔지니어링 회사의 관리자인 마이클이란 사람의 눈을 통해 살펴보기로 하자.

내 목표보다
당신이 우선입니다

"왜, 길 저쪽에 있는 경쟁업체 있잖아. 거기 직원인 브래드와 커피 한잔하지 그래?"

마이클의 입에서 이런 말이 나오자 데이비드는 흠칫 놀라지 않을 수 없었다. 그 경쟁업체에서 자신을 채용하려고 적극적으로 나서고 있다는 사실을 자기 상사인 마이클이 눈치 채고 있는 것 같았기 때문이다. 데이비드는 뛰어난 직원이었고, 만일 그가 이직하면 회사가 곤란한 상황에 놓이리라는 것을 그나 마이클이나 둘 다 알고 있었다. 그렇다고 데이비드가 정말 깜짝 놀란 것은 아니었다. 그동안 마이클이 자신이 더 크게 성장하도록 많이 신경 쓰고 배려해 주었다는 사실을 알고 있었기 때문이다. 설혹 다른 회사로 이직해서 자신의 성장을 추구하는 것이라 해도 다 이해해 주리라 생각했던 것이다.

비즈니스계의 전통적인 게임에서 스타급의 직원을 경쟁업체 사람과 만나도록 허락한다는 것은 참으로 어리석은 일로 간주된다. 그런데 빠르게 성장하는 중에 있는 회사의 부서 리더인 마이클은 비즈니스 규칙의 일부를 다시 쓰면서 긴 게임을 하는 사람이다. 그 게임을 그는 **"상호 번영"**이라고 부른다.

마이클은 자기 팀원인 데이비드가 이직 문제로 고민하고 있다는 사실을 알고 있었다. 사실 한 회사에서 오랫동안 근무한 데이비드는 과연 이대로 자기 인생이 끝나는 것은 아닌지 회의하며, 다른 기회는 없는지 고민하고 있었다. 마이클이 훌륭한 리더이자 그가 성장하도록 새로운 업무와 프로젝트를 계속 적극적으로 찾아준 고마운 상사였지만, 그래도 데이비드는 그것만으로는 만족할 수가 없었던 모양이었다. 그래서 마이클은 데이비드가 개인적으로나 직업적으로 인생의 다음 단계를 어떻게 설계할지 도와줄 수 있는 다른 멘토를 적극적으로 찾아보기 시작했다. 그런 멘토들 가운데 한 사람이 어쩌다 보니 그들 회사의 최대 경쟁업체에서 일하는 사람이었다. 마이클의 말을 들어보자.

저는 두 가지 일이 벌어질 수 있다고 생각했습니다. 하나는, 데이비드가 자기 성장에 도움이 되는 다른 곳으로의 이직을 선택할 수도 있다는 겁니다. 그러면 저는 친구 하나를 잃는 것이고, 우리 팀은 어려움에 봉착하게 될 테죠. 하지만 저는 그 친구가 자신이 옳다고 생각하는 바를 행하리라는 것을 알고 있고, 그래서 그러라고 하고는 편히 잠을 잘 겁니다. 게다가 그 친구가 떠나면 내부적으로는 누군가가 그 자리로 올라서는 기회가 주어지는 셈이니, 그것 또한 나쁘지 않은 일이죠.
또 하나는, 데이비드가 무언가를 깨닫고 우리 팀에 계속 남아 있을 수도 있다는 겁니다. 그러면 그가 터득한 것으로 인해 우리 팀이 더 좋은 팀으로 발전할 수 있겠죠. 더욱이 그동안 제가 위험을 감수해가며 그 친구를 얼마나 배려했는지, 그 친구가 알면 더 잘하지 않겠어요?

마이클의 얘기를 듣다 보면 우리는 그가 어느 쪽이든 다 승자가 된다고 생각하고 있음을 알 수 있다. 그가 부정적인 결과가 초래될 수 있다는 사실을 무시한 것은 아니다. 다만 그는 "위험성 평가"보다는 "기회 평가"에 더 큰 비중을 두었던 것이다. 실제로 그는 그 일을 승리나 패배로 보지 않았다. 그런 것은 제로섬 게임이고, 그는 그런 식으로 인생을 살고 싶지 않았던 것이다. "저는 어떻게 하면 모든 사람이 행복할 수 있는지, 그것에 더 관심이 많습니다." 바로 **상호 번영**이다.

마이클과 같은 삶의 자세나 태도를 지닌 것이 비즈니스 측면에서도 아주 중요한 의미를 지닌다. 최근에 1만 2천 명 이상의 전문직 종사자들을 대상으로 한 어느 연구에서 밝혀진 바에 따르면, "자신을 지지하고 지원해 주는 상사가 있다고 말한 직원들이 조직에 남아 있을 가능성이 1.3배 높고, 업무집중도도 67퍼센트 더 높은 것으로 나타났다."

갤럽에서도 그 비슷한 결과 보고를 내놓은 적이 있다. "보다 적극적으로 직원들의 행복을 신경 쓰고 보살피는 리더를 둔 직원들이 다음 해에 이직할 확률이 81퍼센트 더 낮고, 건강상의 문제로 업무를 소홀히 할 가능성이 41퍼센트 더 낮은 것으로 나타났다."

그런데 마이클의 말을 들어보면 퍼센티지나 통계수치 같은 것은 전혀 언급되고 있지 않다. 다만 기업 문화적 유산, 그리고 그 자신의 믿음이 어떻게 더 풍요롭고 관대한 접근방식으로 이어졌는지를 들려줄 뿐이다. 바로 사업도 중요하지만 개인의 성장이 훨씬 더 중요하다는 접근태도인 것이다.

또 다른 한편으론, 그가 말하는 긴 게임이라는 것이 바로 이런 것이기도 하다.

"제가 은퇴할 때 축하파티에 사기 나름의 관심 분야나 특별한 기술 분야에서 크게 성공을 거둔 사람들이 많이 찾아와 축하해 주면 그 이상 더 바랄 것이 무엇이겠습니까? 제가 그들에게 구체적으로 무슨 일을 해 주어서가 아니라, 제가 그들을 배려하고 그들이 잡은 기회를 옹호하고 지지해 주었다는 사실만으로 저를 축하해 주면 그뿐입니다."

여러분은 어떻게 생각하는가? 전통적인 의미의 회사의 성장목표보다 직원의 성장과 발전을 더 우위에 둘 수 있는가? 이런 생각이 어느 한쪽에만 득이 되는 생각에 불과한 것인가? 이런 접근방식이 실제로 회사나 개인에게 손실을 가져다주는 것은 어떤 경우인가?

순진함으로 돌아가자

자기성찰의 질문에 답하기 ⑩

이제 자기성찰의 질문을 통해 생각하는 시간을 갖도록 합시다. 기억하시겠지만, 이 자기성찰의 시간은 어떤 한 신념이 다른 것보다 더 옳다고 여러분을 설득하려고 하는 것이 아니라, 여러분이 어떤 시각을 지니고 있는지 알아보는 과정입니다.

- 직원이 성장할 수 있도록 배려하고 도와주는 것이 사업에도 득이 된다.
- 직원의 목표와 회사의 목표가 충돌하는 경우엔 회사의 목표가 우선이다.
- 직원이 업무에 몰두하면서 성장하면 회사가 성장할 수 있다.
- 모든 직원들의 성장목표를 수용하려면 너무 많은 자원이 소요된다.
- (여러분이 제시하는 또 다른 신념!)

위의 신념 중에 하나를 선택하셨습니까? 좋습니다. 그럼 이제, 앞에 나온 이야기와 여러분의 소중한 경험을 바탕으로 다음 질문에 답해 보시오.

이 신념은 어디서 배운 것인가?

_____
_____
_____

이 신념이 절대로 참된 것인가?

_____
_____
_____

이 신념을 유지하여 내가 얻는 것, 혹은 얻을 수 있는 것은 무엇인가?

_____
_____
_____

이 신념을 유지하여 내가 잃는 것, 혹은 잃게 될 것은 무엇인가?

_____
_____
_____

제15장

자본주의 다시 생각하기: 자선이 아닌 일자리 창출을 통한 삶의 변화

뙤약볕이 뜨겁게 내리쬐고 있었다. 이마에서는 땀이 줄줄 흘러내렸다. 페루 북부의 건설 현장. 흙먼지를 뒤집어쓴 채 거의 탈진 상태에 빠졌지만 일꾼들은 건물 완공까지는 아직 갈 길이 멀다는 것을 알고 있었다. 그래도 그들은 삽에 몸을 기댄 채 잠시 쉬기로 했다. 흙구덩이를 더 파야하기 때문에 일을 중단하고 떠날 수도 없었다.

그들이 쉬고 있는 것을 본 감독관이 말끔한 차림에 땀도 하나 흘리지 않는 생생한 모습으로 나타나 일꾼들이 있는 곳으로 향했다. 갓 대학을 졸업한 뒤 최근에 수도 리마에서 건설현장에 파견된 감독관은 일꾼들에게 게으름 피우지 말고 어서 일하라고 소리쳤다. 그의 말이 이글거리는 열기보다 더 뜨겁고 가혹했다.

더위에 지친 일꾼들은 더 기운이 빠졌다. 감독관이 호통을 치고 떠났다. 그때 한 사람이 나섰다. 그는 다른 일꾼들과 같이 땅을 파고 있었지만 사실 그 지역 출신 일꾼은 아니었다. 미국 캔자스주 농촌 출신의 열아홉 살 청년인 앤드루 브루버스[76]는 그곳에 온 지 1년밖에 되지 않았지만, 그곳 일꾼들과 친하게 지내며 그들 공동체의 일원이라도 된 양 마을 프로젝트 일을 도와주고 있던 참이었다.

앤드루는 풀이 죽어 있는 일꾼들을 바라보며 물었다.

"저 사람, 좀 무례한 거 아닌가요? 그냥 일을 못 하겠다고 하시면 안 되나요?"

땀에 푹 젖은 헝겊으로 애써 이마의 땀을 훔치며 한 일꾼이 대답했다.

"그만둘 수가 없지요. 하루 임금으로 7달러를 받는데, 어쨌든 가족을 먹여 살려야 하지 않습니까? 그나마 여기가 이 지역에서는 최고의 일자리랍니다."

나중에 나에게 이 이야기를 들려주며 앤드루는 이렇게 말했다.

"그때 저는, 미국인 특유의 오만함과 순진한 생각일지는 몰라도 '이 사람들을 도와줄 수 있는 뭔가를 해야겠다,' 그렇게 생각했습니다."

그때가 2010년이었다. **파차 비누**를 향한 불꽃이 피어올랐던 때였다. 그런데 따지고 보면, 다른 사람들에게 도움을 주고 사업을 선한 일에 활용하고자 하는 바람은 앤드루 집안에서는 그 이전 세대부터 뿌리를 내린 소망이었다.

1960년대 초, 앤드루의 이모할머니인 매리언은 최초의 평화봉사단 일원 중 한 사람이었다. 당시 새로 선출된 존 F. 케네디 대통령이 이끄는 행정부 초기 시절 설립된 평화봉사단은 "개발도상국에 살면서 봉사활동을 하는 것으로 조국과 평화라는 대의명분에 기여"하자고 미국시민들에게 촉구하였다. 앤드루의 이모할머니

---

76 앤드루 브루버스 Andrew Vrbas, 1990-: 페루에 자원봉사 교사로 갔다가 시골 지역에 위생 교육과 경제적 기회의 필요성을 절감하고 난 뒤 **파차 비누**를 창업하고 최고경영자가 된 사람.

인 매리언은 페루에서 봉사활동을 하였다.

　매리언이 페루에서 봉사활동을 하는 동안 열다섯 살 조카딸이 그곳을 방문했는데, 아마 인생의 변화를 가져오는 경험을 했던 모양이었다. 그곳에서의 경험이 그 조카에게 **종의 마음**[77]을 심어주었을 뿐만 아니라, 그러는 가운데 페루의 여러 가족을 친구로 사귀게 되었다고 한다. 후에 그 조카딸인 캐시가 앤드루 브르버스를 낳았고, 앤드루는 열여덟 살이 됐을 때 페루에 있는 자기 가족의 친구를 만나고 싶었다고 했다.

　당시 앤드루는 헤이스팅스 대학에 다니고 있었는데, 그 대학은 학부생이 스스로 학위과정의 일부를 구성하는 것을 허용하는 독특한 제도를 운영하고 있었다. 앤드루는 그 과정에 페루를 자주 방문하여 봉사 활동하는 프로그램을 집어넣었고, 그 결과 2010년 그날, 뙤약볕 아래 땅을 파는 지역 일꾼들과 함께 서 있었던 것이다.

　페루에서 직접 땀을 흘리며 땅을 파던 앤드루는 지역 주민들에게 더 나은 일자리를 만들어주는 방안을 생각하기 시작했다. 동시에 그는 예리한 시각으로 위생 문제를 살펴보았다. 그 지역 학교에서 교사로 봉사를 하던 그는 수돗물도 없고, 땅에 웅덩이를 파서 화장실로 사용하는 광경을 보게 되었다. 위생과 의학적인 관점에서 현대세계에서는 도저히 생각할 수 없는 일이었다. 실제로 앤드루는 한 학생의 아버지가 변비로 목숨을 잃었다는 사실이 너무 안타까웠다.

　이런 위생의 문제와 안전하고 더 나은 일자리를 창출하고자 하는 욕망에서 앤

---

[77] **종의 마음** a servant's heart은 기독교에서는 예수가 몸소 종이 되어 하나님을 섬긴 것처럼 우리도 낮은 마음으로 하나님을 섬겨야 한다는 뜻으로, 보통은 타인의 요구를 우리의 요구보다 앞서 생각하며 옳은 동기로 봉사해야 한다는 마음가짐을 말한다.

드루는 비누 만들기 사업을 시작했다. 비누를 만드는 데는 많은 장비가 필요하지 않았다. 기술도 쉽게 가르칠 수 있었다. 그렇게 만들어진 제품은 바로 지역사회에 도움이 되었다. 뿐만 아니라 앤드루는 그 지역 물품과 재료를 미국 시장에 가져가 제품을 생산하는 사업도 가능하리라 보았다.

그런데 그 지역주민을 생각한다면 처음부터 비영리기관을 시작하는 게 낫지 않았을까? 어렸을 때부터 가족 농장에서 가족들과 함께 일하면서 앤드루는 자긍심이 강한 벽돌공이었던 아버지로부터 일에도 존엄한 일이 있다는 사실을 배웠다. 그런 연유로 그는 페루 지역사회에서 목격한 상황을 해결하는 방안 중의 하나가 자선이 아니라 일자리 제공이라고 생각했던 것이다.

그가 **파차 비누**라는 사업을 구상하기 시작하던 즈음에 그는 **탐스 슈즈**의 '1대 1 프로그램'이 많은 호응을 얻고 있다는 사실을 알게 되었다. 2006년에 창업하여 크게 성공을 거둔 **탐스 슈즈**는 그 프로그램을 통해 신발 한 짝을 구매하면 또 한 짝을 신발이 필요한 다른 나라의 아이에게 기부할 수 있다는 약속을 하였다.

앤드루는 페루 여행 중에 본 어린아이들이 **탐스 슈즈**의 신발을 신고 뛰노는 모습을 상상해 보았다. 당시 그 아이들은 폐타이어를 재활용해서 만든 샌들을 신고 다녔다. 앤드루는 생각했다. 과연 **탐스 슈즈**의 신발처럼 직물로 만든 신발이 이 아이들에게 실질적인 도움을 줄 수 있을까? (습한 기후 + 직물 슈즈 + 열악한 위생 = 발에 질환을 일으킬 수 있음.) 그리고 신발을 기부하기 시작하면 폐타이어로 샌들을 만드는 그 지역 사람들의 일자리는 어떻게 될 것인가? 생각 끝에 그는 단순히 기부물품을 제공하는 것이 아니라 지역주민들의 성장과 일자리를 돕는 프로그램을 실시하기로 했다.

아이러니컬하게도 2013년에 들어서는 **탐스 슈즈**도 자기네의 방식이 일부 문제가 있다는 사실을 인지하기 시작했고, 그래서 그들의 '1대 1 프로그램' 모델을 근본적으로 바꿔 신발을 그 지역 노동자들과 동업하여 만드는 쪽으로 선회하였다.

2016년까지 **파차 비누**는 백만 개의 비누를 기부하였는데, 그 비누들 모두가 지역의 재료를 사용한 것이고, 그들이 설립을 도와준 그 지역 비누 제조업체들이 만든 비누였다. 또한 그들은 지역민들이 담수 이니셔티브를 발전시키고 지역 학교에 손 씻기 및 위생 교실을 운영하도록 돕는 프로그램도 실시해왔다.

오늘날 **파차 비누**는 1백 명이 넘는 팀원들을 거느리고 자본주의를 선한 일에 활용하는 창의적인 방안을 구상하고 있다. 그들은 그들이 말하는 "농장에서 욕실까지" 운동의 리더들이 되려고 노력하는 가운데, 블록체인 기술을 활용하여 공급망의 투명성과 원산지 추적을 가능하게 하는 조치들을 실행 중이다.

또한 그들은 **J-팜 라이베리아**[78]와 같은 조직이나 업체들과 유기농 재료 공급 파트너십을 맺기도 했다. 가령, **J-팜 라이베리아**와의 제휴를 통해서는 라이베리아에 있는 소규모 야자핵과 팜유 제조업체들의 힘을 실어주고 수입도 증진시켜 주는 방식으로 20개 농촌 마을에 있는 5천여 명의 농부들을 도와 그들 가족들에게 더 나은 기회를 마련해 주고 있는 것이다. 우리가 앤드루를 만났을 때 그는 이렇게 말했다. "세계의 일부 나라에서는 적은 액수의 돈으로도 어린아이들을 죽

---

[78] **J-팜 라이베리아**J-Palm Liberia는 2013년부터 폐기물을 줄이는 공정을 통해 팜유를 사용한 소비재 및 소비자를 위한 청정에너지 솔루션을 개발해 온 회사다. 라이베리아 농촌의 가난한 농부들에게서 천연의 야자핵을 사들여 팜유를 만들고, 그 팜유를 이용한 천연의 건강 및 미용제품을 생산 판매하여 수많은 라이베리아 주민들의 생계를 돕고 일자리를 만들어 주는 기업으로 유명함.

음으로부터 구하고 사람들을 굶주림에서 벗어나도록 하는, 그런 새로운 서사를 써 내려갈 수 있는 것입니다."

파차 비누의 사업 성공은 그들의 주요 파트너이자 최대 소매업체 중의 하나인 **홀푸드**로부터 여러 차례 혁신 공급업체로 선정되어 상을 수상한 데서 확인할 수 있다. 자본주의를 둘러싼 여러 가지 쓴소리가 있지만, 앤드루는 자본주의가 그래도 시장에서 자본과 자원을 효율적으로 할당하는 최선의 경제구조 가운데 하나라고 생각한다.

2021년, **파차 비누**는 연간 선한 영향력 보고서에서 이렇게 당당하게 말했다.

"우리는 사업이 사람들을 자유롭게 할 수 있다고 믿습니다. 그리고 기회를 창출하는 것이 자선을 베푸는 것보다 더 나은 것이라고 믿습니다. 우리가 하는 일은 바로 장기적으로 지속가능한 해결책을 모색하여 세상 사람들에게 힘을 실어주는 일입니다."

여러분은 어떻게 생각하는가? 사업이 실제로 사람들을 자유롭게 할 수 있을까? 기회를 창출하는 것이 자선을 베푸는 일보다 더 나은 것일까?

순진함으로 돌아가자

자기성찰의 질문에 답하기 ⑪

이제 자기성찰의 질문을 통해 생각하는 시간을 갖도록 합시다. 아래 서술된 신념 가운데 여러분이 전적으로 혹은 부분적으로 공감하는 것 하나를 택하시면 됩니다. 아니면 이 장에서 논의된 주제와 관련하여 여러분 자신이 지닌 신념이 있다면 그것을 제시해도 됩니다. 어떤 새로운 시각들이 있는지, 계속 찾아보도록 합시다.

- 사업은 사람들을 자유롭게 하고 그들을 새로운 삶의 방향으로 이끄는 힘을 지니고 있다.
- 일자리와 기회를 만들어주는 것이 그냥 자선을 베푸는 것보다 더 낫다.
- 사업이 사람을 자유롭게 해 준다거나 그들의 삶을 의미 있게 변화시켜 줄 수 있다는 생각은 터무니없는 생각이다.
- 자선을 베푸는 것이 일자리 창출보다 사람들을 도와주는 데 있어서는 더 효과적이고 능률적인 방식이다.
- (여러분이 제시하는 또 다른 신념!)

위의 신념 중에 하나를 선택하셨습니까? 좋습니다. 그럼 이제, 앤드루의 이야기와 여러분의 소중한 경험을 바탕으로 다음 질문에 답해 보시오.

이 신념은 어디서 배운 것인가?

_____
_____
_____

이 신념이 절대로 참된 것인가?

_____
_____
_____

이 신념을 유지하여 내가 얻는 것, 혹은 얻을 수 있는 것은 무엇인가?

_____
_____
_____

이 신념을 유지하여 내가 잃는 것, 혹은 잃게 될 것은 무엇인가?

_____
_____
_____

제16장

시작해 보자

귀중한 시간을 할애해서 이 책을 읽은 여러분은 어떻게 보면 스스로 생각할 수 있는 공간을 마련한 셈이 된다. 물론 책에 나온 내용대로 과연 그렇게 될 수 있는지, 많은 의심이 들기도 했을 것이다. 그래도 좋다. 분명히 말하지만, 이 책의 의도는 지금 여러분이 하고 있는 모든 일이 잘못됐다고 말하는 데 있지 않으며, 또한 이 책이 소개하고 있는 실천의 예와 신념들이 더 월등한 것이라고 설득하는 데 있지 않다.

이 책은, 전반적인 차원에서 보면 새로운 아이디어나 시대의 변화에 어떻게 적응할 것인지, 그 방법을 같이 배워보자고 여러분에게 제안하는 책이다. 만일 여러분이 어떤 개념이나 도전적인 아이디어를 열린 마음으로 마주할 수 있다면, 그런 호기심의 태도가 새로운 것에 적응하고 어떤 새로운 실천으로 나아갈 수 있게 해 주는 첫걸음이 될 것이다. 이 마지막 장에서는 여러분이 그런 호기심을 갖고 무엇을 할 수 있는지, 그 방향으로 안내하는 이정표를 찾았으면 한다.

여러분이 어떻게 적응할 것인지, 그 문제에 초점을 맞출 때 고려해야 할 것이 세 가지 있다. 바로 호기심, 실행, 그리고 안전이다.

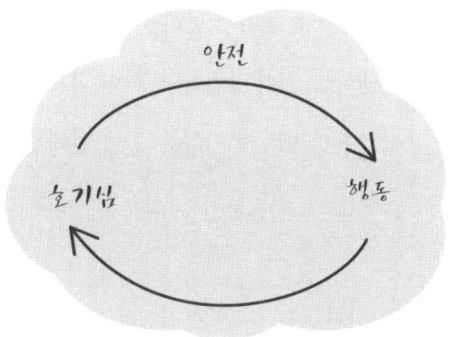

호기심은 새로운 것이나 다른 것에 마음의 문을 열고 그것을 배우거나 알고자 하는 욕망이다. 대체로 나는 호기심이 많은 사람이다. 오늘만 해도 나는 몇 가지 호기심 어린 생각을 했다. 코로나19에 걸리면 과연 몸이 언제 회복될까? 이 이더넷 케이블을 침실에서 지하실까지 이어지도록 설치하려면 어떻게 해야 하지? 두 어금니 사이에 팝콘 껍데기가 끼면 어떻게 빼내지? 편집자가 내 글을 읽고 뭐라고 생각할까? 때로 나는 이런 식의 호기심이 발동하면 그에 맞춰 행동한다(팝콘 껍데기는 이쑤시개로 빼낸다!). 그리고 때로는 그냥 호기심 단계에서 그치고 만다. 만일 여러분이 이 책을 재미있게 읽으면서 여기까지 왔다면, 그것은 아마 어떤 호기심이 있어서일 것이다. 호기심에 따라 행동으로 옮기든 말든, 그것은 여러분의 선택이다. 여러분의 결정에 달려있다. 여러분이 호기심에 따라 행동하기로 선택했다면, 잠시 그 문제를 같이 얘기해 보자.

순진함: 그 실천에 관하여

행동이란 호기심의 어떤 부분을 실행에 옮기는 것을 말한다. 그런데 뭔가 색다른 것이나 대단한 일에 호기심을 갖더라도 그것을 행동으로 옮기기란 쉬운 일이 아니다. 가령, 무언가 다른 것을 시도하려는 호기심이 생기더라도 실패에 대한 두려움 때문에 그 호기심을 실행에 옮기지 못하는 경우가 종종 발생한다. 따라서 크지 않은 것, 작은 일을 행하는 것이 안전하다. 그런 작은 행동은 실패로 끝난다 해도 상처를 덜 받기 때문이다. 따라서 여러분은 세 번째 요소인 안전을 고려하지 않을 수 없다.

안전, 여기서 말하는 안전이란 또 다른 호기심을 더 쉽게, 두려움 없이 행동으로 옮기게 만드는 것을 말한다. 가령, 관리자가 자기 팀에게 어떤 새로운 아이디어를 "괜찮으니 시도해 보라"고 하거나 소수의 의견이라도 받아들이는 경우, 그것이 팀에게 제공하는 안전인 셈이다. 이것은 사람으로 하여금 궁금해 하고, 시도하고, 필요한 경우 다시 시도하고자 하는 마음이 생기도록 만드는 신체적, 정서적, 지적 평안일 수가 있다.

걸음마를 배우는 어린아이를 생각해 보자. 아이에게는 스스로 첫걸음을 떼도록 부추기는 어떤 충동, '과연 걸을 수 있을까?' 하는 식의 본능적인 자극이 있다. 아이는 처음부터 달리려고 하지 않는다. 그저 조심스럽게 작은 행동을 취할 뿐이다. 그리고 주위에는 손으로 잡아줄 보호자나 잡고 기댈 수 있는 장난감 같은 보호도구가 종종 있기 마련이다. 우리 아이들의 경우는 버블 모어라는 비누거품 장난감의 도움으로 걸음마를 배웠다. (그 모습이 얼마나 깜찍하고 귀여웠는지 모른다. 물론 그 장난감을 똑바로 밀고 가지는 못했다.) 당연히 자주 넘어지고 풀썩 주저앉기 일쑤였지만, 그렇게 해서 발걸음을 떼고 걸음마에 적응하기 시작했던 것이다.

제2부에서 살펴보았던 신념 중 하나로 단기간의 사업성과보다는 사람의 성장을 우선시한다는 신념을 예로 들어 생각해 보자. 여러분이 이 신념에 따라 어떤 행동을 해야 할지, 그에 대해 호기심을 갖고 있다고 치자. 이 호기심을 행동으로 옮길 때 취할 수 있는 가장 작은 행동은 무엇일까? 당장 직원 핸드북을 수정하거나, 그 호기심과 관련된 조직의 정책을 바꿀 필요는 없다.

먼저 여러분의 팀에서 가장 능력 있는 팀원 한 사람을 골라 같이 대화를 해 보면 어떨까? 그 사람과의 대화에서 여러분은 다음의 질문 중 하나를 물어보는 식으로 시작할 수 있다.

- 1에서 10까지 등급을 매긴다면, 당신이 이 업무에 얼마만큼 "당신"을 투자하고 있나요? 만일 10이 아니라면, 그러니까 전부를 투자하지 않은 거라면 무엇을 바꿔야 그 10에 가까울 것 같습니까?
- 당신이 늘 하고 싶었던 게 있다면 무엇입니까? 설혹 그것이 우리 회사에 득이 되는 게 아니더라도 그런 게 있습니까?
- 당신이 이 업무를 하지 않았다면 무슨 일을 하고 있을 것 같습니까?
- 당신이 우리 회사에서 성장하고 싶은 전문 분야가 있다면 어떤 분야입니까?
- 직업인으로서가 아니라 개인적으로는 어떤 분야에서 성장하고 싶습니까?

이럴 경우, 여러분에게는 안전을 보장해줘야 하는 책임이 있다. 만일 여러분과 대화 상대자 간에 신뢰가 없으면 아무리 대화를 해봐야 소용이 없기 때문이다. 상대방이 "회사의 목표"에 어울리지 않는 것을 공유하길 꺼린다면, 여러분이 먼저 나서서 여러분의 경우라면 어떻게 하겠다는 식의 이야기를 꺼내는 것도 한 번 고려해 볼만하다. 그리고 조직이나 회사에 득이 되지는 않지만 여러분이 어떤 분야에서 성장하고 싶은지, 그 얘기를 먼저 꺼낸다면 더 좋을 것 같다. 서로 상처받지 않도록 적절한 수준의 내용을 공유하는 것이 신뢰로 나아가는 길이다.

행동모델

제러드는 규모가 큰 엔지니어링 회사의 시니어 리더다. 팀을 이끌면서 그는 팀원들이 각자의 목표와 야망을 진정성 있게 솔직히 이야기할 수 있도록 안전장치를 마련해 주는 것을 우선으로 삼았다.

"결국 따지고 보면, 인생은 짧고, 직장생활은 더 짧습니다. 그래서 저는 어떻게 하면 다른 사람을 도와주며 섬길 것인지, 그것을 제 인생의 목표로 삼고 있는 겁니다."

나는 제러드와 그의 팀을 위해 전략 조정 워크숍을 실시하는 중에 그가 다른 사람을 움직이게끔 도와주는 일을 자신의 신념으로 삼고 있다는 것을 알게 되었다. 워크숍을 하던 날, 팀의 방향에 관해 논의하는 것이 주된 목적이었지만, 제러드는 앞에서 언급한 질문 중 두 번째 질문을 팀원들에게 던지는 것으로 대화를 유도하기 시작했다.

"여러분이 늘 하고 싶었던 게 있다면 무엇입니까? 설혹 그것이 우리 회사에 득이 되는 게 아니더라도 그런 게 있습니까?"

제러드는 자기 얘기를 먼저 들려주면서 안전공간을 마련했다. 자신은 편하게 걸어 다닐 수 있는 도시 개발과 관련된 일을 하고 싶은 욕망이 있다면서, 어쩌면 은퇴 후에 회사를 차릴 수도 있다고 먼저 털어놓은 것이다. 그러자 팀원들이 그 뒤를 따라 자신들의 꿈을 펼쳐 보이기 시작했다. 옷 가게를 하겠다, 스코틀랜드에 가서 캐디로 일할 거다, 1년의 반은 쌍동선이라 불리는 보트를 운전하겠다, 이런 얘기가 나왔다.

여기서 분명한 것은, 팀원들이 자기네 상사와 그런 이야기를 나눈 것을 편하게 생각하고 있다는 것이고, 제러드 역시 팀원들의 그런 꿈을 알게 된 것을 좋아하고 있다는 사실이었다(물론 팀원들의 꿈은 제러드가 물어보든 안 물어보든 이미 그들 마음속에 자리 잡고 있는 꿈들이다). 그리고 그 꿈에 관한 이야기가 나오면서 그 다음에는 그 꿈의 일부라도 실현시킬 수 있는 소소한 방안들, 혹은 그 방안들이 팀의 방향과 어떻게 연결될 수 있는지까지, 다양한 이야기들이 오가는 것이 가능해졌다.

여러분의 역할

～～～

　조직 내에서 어떤 지위에 있든 여러분은 사람들이 새로운 것에 호기심을 갖고 용감하게 시도할 수 있도록 안전공간을 마련할 힘과 "대응능력"을 지니고 있다. 자신의 호기심을 먼저 내보이거나, 혹은 자신의 잘못이 있다면 그것을 시인하거나, 혹은 사람들이 도저히 동의할 수 없는 아이디어를 내놓더라도 즉각적인 판단을 유보하는 식으로 사람들이 새로운 신념과 그에 따른 행동에 무엇이 있는지를 배우게끔 해줄 수 있는 것이다. 사람이 자신이 중요하게 생각하는 신념—특히 자기 정체성의 핵심이 되는 신념—을 심사숙고해 보고, 어쩌면 "내가 틀릴 수도 있다"는 생각을 할 수 있는 능력, 그 능력이 바로 그 사람의 지혜와 성숙을 보여주는 지표이다.

　중요한 것은 여러분이 주변 사람들이 스스로 배우고, 반복 시도하고, 그리고 적응하는 것을 도울 수 있다는 사실이다. 그렇게 해서 적응능력을 쌓는 것은 예전보다 더 심각하게 변화를 준비해야 하는 세상에서 여러분이나 여러분이 속한 조직에 아주 긴요하다. 그 이유는? 여기서 우리는 제5장에서 보았던 **파비**의 장 프랑수와 조브리스트의 경우를 다시 한번 생각해 볼 수 있다. 말하자면 복잡한 상황이나 시스템과 **복합적인** 상황이나 시스템 사이의 차이를 이해하는 일이 중요하다.

　자동차 엔진은 복잡한 시스템이다. 수많은 부품들이 있지만, 그 부품들은 다

제 위치에 있으면서 논리적인 방식으로 반응한다. 만일 여러분이 어느 한 부품을 빼낸다면, 숙련된 정비공은 그 부품이 없으면 엔진에 영향이 있을지 없을지, 있다면 어떤 영향이 있을지, 다 말해줄 수 있을 것이다. 만일 우리가 속한 조직이나 우리 인생이 자동차 엔진처럼 작동한다면 아주 정확하게 분석하고 필요한 변화조치를 계획하고 실행에 옮길 수 있다.

안타까운 것은, 우리가 인생의 많은 문제들을 그저 복잡한 것에 불과하다고 생각한다는 점이다. 우리는 분석하고 계획하고, 그 계획을 실행하려고 시도하지만 그 결과가 우리가 예상대로 나오는 경우는 드물다. 왜일까? 인생의 시스템 대부분은 실상 **복합적인** 것이지 복잡한 것이 아니기 때문이다. 가령, 우리 뒷마당의 생태계는 복합적인 세계다. 우리가 그 시스템에 속한 다양한 요소들을 이해하려고 노력할 수는 있으나 시스템에 어떤 행동을 취할 때 결과가 어떻게 나타날지는 100퍼센트 완벽하게 예측할 수 없다.

장 프랑수와는 **복합적인** 시스템을 설명하기 위해 스파게티 볼의 이미지를 즐겨 사용했다.

"그 볼 안에는 스파게티 가락이 20~30개 정도 얽혀있을 뿐입니다. 하지만 튀어나온 가락 하나를 당겨보십시오. 그 결과 볼 안에서 어떤 일이 벌어질지는 최고 성능을 지닌 컴퓨터라도 쉽게 예측할 수 없을 겁니다."

복합적인 시스템 안에서 변화에 대응하는 가장 좋은 방식은 반복 시도하면서 적응하고, 인지하고 대응하고, 호기심을 발동시켜 실행에 옮기고, 다른 사람들도 따라오도록 안전한 환경을 만들어주는 것이다.

자, 이제 이 책에서 여러분의 관심을 끈 신념—어쩌면 그 신념을 다른 사람들은 순진한 생각이라고 치부할 수도 있겠지만, 여러분으로서는 진정성을 갖고 진지하게 생각하는 신념일 수도 있다—이 있다면 하나만 골라 생각해 보자.

그 신념에 따른 행동을 가로막는 두려움이 있는가? 뭔가 다르거나 새로운 것을 안전하게 시도하고 싶을 때 필요한 것은 무엇일까? 저술가이자 리더십 전문가인 니콜 비안치는 용기|bravery가 필요하다고 한다. 우리는 흔히 용기를 건물에 불이 났을 때 누구를 구해 주는 행위 같은 것으로 생각한다. 그러나 니콜 비안치는 용기를 뜻하는 'bravery'의 첫 글자를 소문자 'b'로 쓰면서 삶에 변화를 가져다주는 일에는 "지속적이면서 작은, 용기 있는 행동"이 긴요하다고 말한다. 또한 그런 행동들은 도덕적 탁월함의 핵심이기도 하다. 아리스토텔레스가 언급했듯이, "**우리는 올바른 행동을 함으로써 정의롭게 되며, 절도 있는 행동을 함으로써 절제력을 지니게 되고, 용기 있는 행동을 함으로써 담대하게 된다**."

여러분이
연습할 차례다
〰〰〰

다음의 빈 칸을 채우시오.

나는 _____에 호기심이 있다.

그다음에 내가 취할 수 있는 행동은 _____이다.

나는 _____으로 안전을 증진시킬 수 있다.

우리는 성공을 위한 목표 설정과 계획 수립에 너무 많은 시간을 할애한다. 그러나 그렇게 하면 안전장치가 마련되지 않아 계획을 실행에 옮기기가 쉽지 않다. 두려움 때문이다. 그래서 저술가이자 팟캐스트 호스트이며 기업가이자 투자자인 티모시 페리스[79]는 "두려움을 정의하는 것" 또한 중요하다고 말한다. 나도 그 사람의 생각에 따라 내가 무엇을 두려워하는지 먼저 살펴보고, 그에 따른 안전 방안을 마련하는 연습을 한다. 이런 연습의 매력은 우리가 마음에 품는 두려움이 실제 일어난 일에 대한 것이 아니라 상상 속에서 키워진 것임을 알게 하는 데 있다. 뒤의 **2단계**에 나오는 질문들은 우리의 행동을 가로막는 두려움이나 악몽이 무엇인지 구체적으로 살펴보는 데 도움이 된다.

---

[79] **티모시 페리스**Timothy Ferriss, 1977- : 미국의 기업가이자 투자가이며 저술가로 라이프스타일 최적화에 초점을 맞춘 <4시간 자기계발 시리즈>로 유명함.

우리는 우리가 생각하는 두려움이 무엇인지 면밀히 살펴볼 필요가 있다. 그 두려움을 그냥 무시하기보다는 현미경 아래에 놓고 좀 더 분명하게 이해하도록 노력해야 한다.

먼저 여러분이 시도하고 싶지만 겁이 나고 두려운 것이 무엇인지 생각하고, 종이 한 장을 꺼내 다음과 같은 연습을 해 보자.

| 1단계 | 다음과 같이 3열의 칸을 그리고 각기 "두려운 것들," "예방책," 그리고 "회복방안"이라고 제목을 붙이자.

두려운 것들	예방책	회복방안

| 2단계 | 첫 번째 열인 "두려운 것들"에는 여러분이 선택한 아이디어나 신념에 따라 행동하는 데 두려운 것들이 무엇인지 모두 열거한다. 최악의 시나리오, 의심, 끔찍한 악몽과도 같은 파멸적인 상황 등을 적는다. '…라면 어떡하지?'라는 식의 걱정거리도 적는다. 주저하지 말고 모두 적으면 된다.

- 최악의 시나리오는 무엇인가?
- 잘못될 수 있는 것은 무엇인가?
- 아무것도 아닌 것은 1로 하고 점차 강도를 높여 마지막엔 절대 회복할 수 없는 것을 10으로 하여 등급을 매긴다면, 여러분이 생각하는 최악의 시나리오가

가져올 여파는 몇 등급일 것 같은가?

|3단계| "예방책"인 두 번째 열에는 각각의 두려운 상황이 벌어질 가능성을 줄일 수 있는 방안을 적는다.
첫 번째 열에 기록한 두려운 상황들이 가급적 일어나지 않도록 하려면 어떤 행동을 취해야 할까?

|4단계| "회복방안"인 마지막 세 번째 열에는 만일 최악의 시나리오가 실제로 발생할 경우, 손실이나 피해를 복구할 수 있는 방안을 기록한다.
여러분이 다시 정상 궤도로 돌아가기 위해 취해야 할 행동은 무엇인가?

두려운 것들	예방책	회복방안
일어날 수 있는 최악의 상황은 무엇인가? 구체적으로 기술한다. 1-10등급	이런 상황이 일어날 가능성을 줄이기 위해 취할 수 있는 방안은 구체적으로 무엇인가?	만일 그 최악의 상황이 벌어진다면, 다시 정상 궤도로 들어서기 위해 할 수 있는 일은 무엇인가?

앞에서 언급한 제러드의 팀원들 중 한 사람이 생각하고 있는 꿈을 바탕으로 예를 하나 만들어 제시하도록 한다. 옷 가게를 하고 싶다는 사람의 경우를 예로 들겠다.

제시된 예에서는 그 사람이 느낄 수 있는 두려움을 세 가지만 열거했지만, 여러분의 경우는 더 많은 경우의 수를 기록해도 된다.

예시. 퇴직 후 옷가게를 하는 경우

두려운 것들	예방책	회복방안
장사가 잘 안되고, 돈이 떨어지면 집을 팔아야 한다. (6등급) 다니던 직장 상사와 인연이 끊어지게 될 테고, 그러면 다시 복직하는 게 힘들어진다. (3등급) 장사를 하다 보면 정신없이 바쁠 테고, 그러면 아이들을 돌볼 시간이 없어 아이들의 원망을 사게 될 것이다. (5등급)	• 생활비를 줄인다. • 스타트업 코치의 도움을 받는다. • 팝업 스토어로 시작한다. • 이 아이디어에 관해 상사와 상의한다. • 퇴사 직전까지 최선을 다해 근무한다. • 시간제 근무를 제안해 본다. • 동업자를 찾는다. • 내 꿈에 대해 아이들과 같이 얘기한다.	• 다니던 직장에 복직한다. • 집 일부를 세놓는다. • 다른 직장을 구하기 시작한다. • 아이들에게 내가 하는 일을 설명하여 이해시킨다. • 아이들이 그 나이에 맞게 스스로 결정하도록 한다.

표를 다 채우고 나면 여러분은 여러분의 아이디어의 장단점을 파악할 수 있게 된다. 많은 경우, 아이디어를 실행에 옮기는 것이 생각보다는 쉽고, 실은 그리 두려운 일이 아님을 알게 될 것이다.

(여러분이 종이에 적어 연습을 한 경우, 그 기록을 joshua@econic.com에 보내 여러분이 어떤 상황이고 어떤 문제를 안고 있는지 알려주면, 여러분의 아이디어를 실행에 옮기는 데 필요한 방안을 추가로 같이 논의할 수 있다.)

여러분이 일으키는 영향의 잔물결

제7장에서 칩 콘리는 이런 말을 들려주었다.

"연못에 조약돌을 떨어뜨리면 잔물결들이 생기면서 수면 위로 퍼져나갑니다… 어디서 상품이나 서비스를 구매할지, 어떤 기업문화를 형성할지, 공동체에 어떤 영향을 미칠지, 이런 문제에 대한 우리의 선택이 심오한 변화를 가져옵니다—말하자면 긍정적이거나 부정적인 잔물결을 일으키는 에너지를 세상에 보내게 되는 것입니다."

여러분의 삶이나 여러분이 속한 조직이나 여러분의 팀에서 더 선한 일을 행하는 능력이나 힘은 여러분에게서 나오는 것이다. 우리에게는 선한 영향력을 창조하는 여러분이 필요하다.

시간을 두고 사람을 이끌고 사업을 성장시키는, 혹은 시장과 상호작용하는 더 새롭고 보다 의식 있는 방안에 관해 생각해 보자. 그리고 너무 낙관적이거나 이상적일지도 모르는 아이디어가 떠올랐다면, 내면에서 나온 그 낙관적이고 이상적인 목소리를 잠재우기 전에 잠시 멈춰보자. 그 내면의 목소리가 세상이 평가하는 것 이상으로 우리가 사는 세상에서 더 본래적이고 진실하고 진정한 것을 대표하는 것일 수 있음을 잊지 않도록 하자.

세상에는 이제는 운이 다했다고, 이제는 너무 늦었다고 생각하는 사람들이 너무 많다. 자신들이 지닌 숭고한 생각이 주류의 사고에서 벗어난 나머지 본의 아니게 주변으로 밀려난 사람들이 너무 많다. 이제는 여러분처럼 용기 있고 순진한 사람들이 행동을 취할 때다. 여러분이 꿈꾸는 보다 밝은 미래를 위해, 다른 사람들은 불가능하다고 생각할 수 있는 더 나은 세상을 위해 행동에 나설 때다.

담대하게 순진함을 되찾아야 할 때다.

감사의 글

이 책은 내 안의 작은 목소리에서 시작되었다. 일터와 교육현장에 진화의 바람을 불러일으키는 큰 그림을 그려보라는 독려의 목소리였다. 우리가 일터와 학교의 개념, 시스템, 문화를 개선 발전시키면 우리 안에 잠자고 있는 잠재능력이 깨어나 이 세상이 직면하고 커다란 문제들을 해결할 가능성이 높아지리라는 생각이었다. 그러면서 나는 왜 더 많은 사회의 리더들이 이해관계자 자본주의, 지구를 위한 1%, 사회공헌기업 등 우리가 사는 세상을 위하는 진화된 노력을 수용하지 않는지 그 이유를 살펴보았다. 방법론을 다룬 책이나 사례 연구가 부족해서 그런 것이 아니었다. 핵심은 리더들의 의식과 인식과 신념에 커다란 변화가 필요하다는 사실이었다. 용기를 갖고 변화를 도모하라고 장려하고 싶은 나의 순진한 시도가 바로 이 책이다.

지난 몇 년에 걸쳐 나는 책을 쓰지 않겠냐는 제안을 여러 차례 받았다. 그런데 그럴 때마다 늘 정중히 거절하며 이런 식으로 말하곤 했다.

"이미 그런 책이 많이 나왔잖습니까. 제가 큐레이터지 글 쓰는 작가가 아니라 좀 그렇네요."

지금도 나는 어떤 분야든 책은 이미 많다고 생각하는 사람이다. 그런데 2021년 가을에 나는 그런 내 생각이 실은 핑계에 지나지 않는다는 것을 깨달았다.

실은 책을 냈는데 독자들이 외면하면 어쩌나 하는 두려움이 컸던 탓이었다. 어떤 아이디어를 내세워 그것을 글로 옮기는데 그 아이디어를 사람들이 좋아하든 싫어하든 내가 감당할 수 있을지, 내심 겁이 났던 것이다.

그런 나를 글을 쓰며 성장하도록 도와준 사람들이 있다. 나의 안내자인 니하리카 샌알과 참 좋은 친구이자 성격유형 지표인 에니어그램 코치인 존 코어스가 없었다면 아마 지금까지도 이 책이 세상 밖으로 나오지 못했을 것이다.

그 누구보다 최고의 친구이자 인생의 반려자인 트리샤 린에게 고맙다는 말을 해야 한다. 내가 글을 쓰는 동안 내내 격려해 주고 묵묵히 기다려준 것도 고맙고, 무엇보다 내가 순진한 마음을 잃지 않도록 용기도 주고, 혹 그로 인해 손해를 보더라도 이해하고 괜찮다며 어깨 두드려준 것이 더욱 고마울 따름이다. 당신은 나를 위해 자신을 희생해 가며 흔쾌히 모든 것을 내어준, 이 세상에 둘도 없는 사람입니다. 우리가 함께 지내온 삶을 너무나 소중하게 생각하는 나는 당신은 영원히 사랑할 것입니다.

우리 아이들, 클로에, 로건, 캐빈, 그리고 다프네에게도 고맙다고 해야겠다. 지난 몇 년 동안 저녁이나 주말뿐 아니라 시간 날 때마다 틈틈이 글을 쓴답시고 정신없는 아버지를 참고 기다려준 아이들이다. 더욱이 우리 아이들과 함께 있을 때면 잠시 쉬면서 내 안에 아직 존재하고 있던 어린아이와 같은 호기심과 순진함을 찾을 수 있었으니, 이 또한 고마운 일이 아닌가. 애들아, 너희 모두를 정말, 정말 사랑한단다.

아버지에게도 고맙다는 말씀을 드려야 한다. 내가 본받을 수밖에 없는 넉넉한 마음을 지니신 분이다. 항상 크게 생각하시며 우리 자식들을 위해 열심히 일하신 분으로, 그 끈기와 유연한 정신력은 정말 놀랍기만 하다. 아버지, 당신이 없었으면 오늘의 제가 있을 수 없었습니다. 사랑합니다.

당연히 어머니에게도 고마움을 표해야 한다. 우리 자식들이 안정된 삶을 살기 전의 어려웠던 시절을 버텨낼 수 있도록 어머니가 보살펴주신 덕분에 우리가 크게 성장할 수 있었으니 그 고마움을 어떻게 표현해야 할지 모르겠다. 어머니, 어머니가 베풀어주신 사랑이 있었기에 제가 성장하고 잘 살 수 있게 되었습니다. 어머니 덕분에 오늘의 제가 있습니다. 사랑합니다.

나의 코치이자 서로 속마음을 털어놓을 정도로 친한 친구인 다이애나 캔더에게 고맙다고 해야 한다. 무엇보다 먼저, 나를 매뉴스크립트 작가 프로그램에 들어가게 해 준 것이 고맙기 그지없다. 다이애나 캔더, 당신이 없었으면 이 글을 누가 읽을 수 있었겠습니까? 더군다나 이 책을 쓰는 동안 솔직하게 피드백을 해 주고, 서로 머리를 맞대고 생각하는 시간을 아끼지 않았으니 어떻게 감사의 뜻을 전해야 할지 모르겠습니다. 같이 꿈꾸고 실험하며 보낸 시간이 정말 소중했습니다.

이코닉의 팀에도 감사의 뜻을 표한다. 이 책을 쓰는 동안 나를 지원해 주고, 우리 고객들을 진정성을 갖고 따뜻하게 대해 준 여러분 모두에게 고마움을 표한다. 특히 내 글을 읽고 교정해 주고 나중에 홍보까지 해 준 줄리 윌벡, 브리태니 바흐, 매디 프레드릭에게 고맙다고 해야 한다. 그리고 이 책을 세상에 나오게 한 "책임경영자"라 할 만한 크리스털 위벨하우스에게도 각별히 고마움을 표한다. 이 책이 세상에 나오게 하려면 누군가의 도움이 절실히 필요할 때, 바로 그때 내 인생에 들어와 도움을 주었으니 어떻게 감사의 말을 해야 할지 모르겠다.

  이 책에 많은 영감을 불어넣고 넓은 도량으로 인터뷰의 수고도 아끼지 않은 리더들에게도 감사의 마음을 전한다. 예나 지금이나 나에게 많은 격려를 해 주고 지속적으로 깨달음을 안겨준 제프 체리와 칩 콘리에게 고마움을 표한다. 그리고 많은 면에서 나에게 많은 영향을 준 마니샤 싱에게도 고맙다는 말을 전한다. 그 밖의 많은 리더들, 나에게 많은 시간을 할애하여 자신들의 재능을 보여주고 의미 있는 이야기를 들려준 모든 분들에게도 감사하다는 말 전한다.

  이 책을 쓰는데 영감의 원천이 되었던 것 중 하나가 바로 라즈 시소디어와 마이클 겔브가 쓴 『치유의 조직』이란 책이다. 아직 읽어보지 못한 분이 있으면 반드시 읽어보라고 권하고 싶은 책이다. 많은 시간을 내주어 나에게 도움을 준 라즈에게 감사하다는 말을 전한다.

  책으로 완성되기 전의 변변찮은 내 글을 읽고 일반 독자의 관점에서 피드백을 제공해 준 친구들에게 고마움을 표한다. 특별히 많은 부분을 검토하고 귀한 의견을 보내준 스콧 퍼치트, 프레드 호켓, 그리고 제이미 바임 한센에게 고맙다는 말을 해야 한다. 그리고 원고를 읽고 내가 나만의 고유한 목소리를 갖도록 도와준 조던 번바움에게도 고맙다는 말 전한다.

  그리고 책을 선주문해 주고 온라인 계정에 참여하여 최종 제목과 표지 선정뿐 아니라 지속적으로 지원과 격려를 아끼지 않은 많은 분들에게도 깊은 감사의 마음을 전한다. 아울러 내 아이디어를 구체화하는 데 도움을 주었던 매뉴스크립트 팀, 아이디어프레스 출판사, 그리고 내 순진한 목소리가 세상에 울려 퍼지도록 도움을 주었던 스미스 퍼블리시티, 책을 어떻게 출시할 것인지 전략을 세우고 웹사이트를 구축하고 브랜딩 작업을 해 주었던 NGNG 엔터프라이즈에서 드러나지 않게 묵묵히 애써주신 모든 분들에게도 감사의 마음 전한다.

마지막으로 이 책을 읽어주신 모든 독자들에게도 고마움을 표해야 한다. 여러분의 성장에 투자하는 것은 값을 매길 수 없을 정도로 아주 소중한 일이다. 여러분 모두에게 축복과 행운이 찾아오길 바랄 뿐이다. 감사합니다.

DARE TO BE NAIVE
Copyright © 2023 by Joshua Berry
Korean translation rights © 2025 Yemun Publishing Co., Ltd.
Published by special arrangement with Ideapress Publishing in conjunction with their duly appointed agent 2 Seas Literary Agency and co-agent AMO Agency
All rights reserved.

이 책의 한국어판 저작권은 AMO 에이전시를 통해 저작권자와 독점 계약한 (주)도서출판 예문에 있습니다. 저작권법에 의해 한국 내에서 보호를 받는 저작물이므로 무단 전재와 무단 복제를 금합니다.

순진한 경영이 이긴다

초판 1쇄 인쇄일 2025년 9월 1일 • 초판 1쇄 발행일 2025년 9월 7일
지은이 죠수아 베리 • 옮긴이 윤희기
펴낸곳 도서출판 예문 • 펴낸이 이주현
등록번호 제307-2009-48호 • 등록일 1995년 3월 22일
전화 02-765-2306 • 팩스 02-765-9306
홈페이지 www.yemun.co.kr

ISBN 978-89-5659-491-0 03320